Dampfgaren

Der Küchen-
PROFI

Roland Astner

Dampfgaren

Einfach-originelle Rezepte aus dem Profi Steam

Fotografiert von Marcel Studer

AT Verlag

Electrolux

Inhalt

Vorwort

Nach dem Erfolg des ersten Buches «Dampfgaren leicht gemacht» haben Sie nun den zweiten Band vor sich, der dem Thema des raffinierten Dampfgarens gewidmet ist. Er enthält weitere, neue Rezepte, die optimal auf die modernen Dampfgar-Kombigeräte zugeschnitten sind.

Mit diesem Buch möchte ich Ihnen mein Wissen und meine Erfahrung weitergeben, basierend auf meiner Ausbildung als Koch und gesammelt in den letzten fünf Jahren als Leiter der Fachberatung von Electrolux Schweiz.

Bei allen Rezepten wurde Wert darauf gelegt, dass sie ohne allzu grossen Aufwand und ohne besondere Vorkenntnisse nachkochbar sind und optimal gelingen. Alle Rezepte wurden für den Profi Steam von Electrolux entwickelt und getestet; sie lassen sich aber problemlos – allenfalls mit entsprechender Anpassung der Temperaturen und Garzeiten – auch mit Kombi-Dampfgeräten anderer Hersteller zubereiten.

Ich möchte Ihnen mit dem vorliegenden Buch zeigen, wie unkompliziert die Zubereitung von Gemüse, Terrinen, Fisch, Fleisch, Beilagen, Brot und Desserts mit dem Profi Steam ist, und möchte Sie damit ermuntern, ab und zu auch etwas Neues, Eigenes auszuprobieren. Sie werden bei Ihrer Familie, Ihren Freunden und Gästen wie ein «Profi» brillieren.

Ich wünsche Ihnen viel Freude und Erfolg dabei!

Roland Astner

Die Funktionen des Profi Steam

Mit dem Kombibackofen Profi Steam steht Ihnen für jede gewünschte Zubereitungsart die optimale Funktion zur Verfügung. Dabei ist jeweils bereits eine vorgeschlagene Temperatur und Zeitdauer programmiert, die jederzeit geändert werden kann.

Dampfgaren

Für die schonende Zubereitung mit reinem Wasserdampf von Gemüse, Pochieren von ganzem Fisch oder Fischfilets, Garen von Stärkebeilagen wie Reis, Mais oder Couscous, Kochen von Eiern, schonendes Auftauen von Gefrorenem. Bei der Funktion Dampfgaren kann die vorprogrammierte Temperatur bei Bedarf von 96 °C in 5-°C-Schritten bis auf 50 °C reduziert werden.

Intervallgaren

Heissluft und Dampf werden im Verhältnis von 75 zu 25 Prozent kombiniert. Die Elektronik schaltet nach 30 Sekunden Heissluft jeweils 10 Sekunden auf Dampfgaren um. Optimale Funktionsstufe für Brote und feuchte Cakes sowie für die Zubereitung von Fleisch, Geflügel und Fisch mit feiner Kruste. Ausserdem ist dies die Funktion zum Regenerieren, dem schonenden Aufwärmen von Speisen. Die Intervallfunktion kann beliebig von 50 °C bis auf 230 °C eingestellt werden.

Intervallgaren Plus

Heissluft und Dampf werden im Verhältnis von 50 zu 50 Prozent kombiniert. Gegenüber dem normalen Intervallgaren wird zur Heissluft noch mehr Dampf zugeführt. Optimale Funktionsstufe für feine Terrinen, Eierstiche und Desserts. Die Funktion Intervall Plus kann beliebig zwischen 50 °C und 130 °C eingestellt werden.

Heissluft

Zum Backen, Braten und Garen auf mehreren Ebenen. Der Rückwandheizkörper wird mit dem Backofengebläse eingesetzt, was eine optimale Verteilung der Hitze garantiert.

Wähen- und Pizzastufe

Dies ist die optimale Beheizungsart für Wähen, Pizzen und Quiches – überall dort, wo neben einer gleichmässigen Hitzeverteilung auch ein knuspriger Boden verlangt wird. Zur Heissluft wird zusätzlich Unterhitze zugeschaltet. Voreinstellung von 180 °C, für Pizza unbedingt auf 230 °C erhöhen.

Turbogrill

Speziell für Grilladen wie Rollbraten und Geflügel. Der Kleinflächengrill wird mit dem Backofengebläse zusammengeschaltet. Voreinstellung von 180 °C.

Kleinflächengrill

Für kleines Grillgut, vor allem Portionenstücke. Voreinstellung von 230 °C.

Grossflächengrill

Zum schnellen Überbacken von Toasts, Gratins, für grössere Mengen von flachem Grillgut. Der Kleinflächengrill wird mit der Oberhitze zusammengeschaltet. Voreinstellung von 230 °C. Der Grossflächengrill hat nach 2 Minuten die grösste Hitze erreicht, die Grillstäbe werden rot glühend, danach schaltet das Gerät auf Taktbetrieb und pendelt sich bei 230 °C ein.

Ober- und Unterhitze

Zum traditionellen Backen und Braten auf einer Ebene. Voreinstellung von 220 °C.

Niedergar-Automatik

Für schonendes Zubereiten von Fleisch. Die Elektronik schaltet nach 10 Minuten von 90 °C auf 80 °C um.

Regenerieren

Als Regenerieren bezeichnet man das Aufwärmen von bereits zubereiteten Speisen. Durch die Kombination von 75 Prozent Heissluft und 25 Prozent Dampf werden vorgekochte Speisen bei etwa 110 °C erwärmt, ohne auszutrocknen.

Garen von ganzen Menüs

Die Kunst des Dampfgarens besteht im optimalen Kombinieren der Speisen, so dass der Kombiofen nicht nur für eine Zubereitung in Betrieb genommen wird. Daher gilt es, bereits vor der Auswahl der Rezepte und bevor man zu kochen beginnt, das optimale Vorgehen genau zu planen. Wer einmal damit vertraut ist, erlebt das Kochen neu, wird viel stressfreier zuhause Gäste bewirten und auch wieder vermehrt selbst kochen und etwas ausprobieren.

Für ein mehrgängiges Menü sollte nicht alles aus dem Dampfgarer kommen. Damit es abwechslungsreich schmeckt, sollten innerhalb eines Menüs möglichst verschiedene Zubereitungsarten vorkommen. Ein reines Dampfgarmenü wirkt schnell einmal fad.

Doch wer clever kombiniert, beschränkt sich nicht nur auf das aktuell zu kochende Menü, sondern befasst sich am besten gleich mit den nächsten drei Tagen. So ist es wenig sinnvoll, nur für ein paar Salzkartoffeln den Profi Steam in Betrieb zu setzen – obwohl man natürlich mit dem Dampfgaren die Sicherheit hat, dass die Kartoffeln nicht verkochen und äusserst schmackhaft bleiben. Mit ein wenig Vorausplanung füllt man den ganzen Backofen und hat damit für die nächsten Tage schon vorgekocht. So kommen zu den Kartoffeln zum Beispiel noch eine Schachtel Eier für einen Eiersalat hinzu, ausserdem bereitet man gleich noch eine Crema catalana für das Dessert am folgenden Abend vor, und daneben gart der Reis für den Reissalat zum Barbecue am Sonntag, der dann nur noch mit der Salatsauce angemacht werden muss, so dass man sich ganz dem Grillieren widmen kann. Beim Brotbacken am Samstagmorgen wird immer auch gleich ein Cake mitgebacken; falls er nicht sofort Verwendung findet, kommt er gut verpackt in den Tiefkühler, damit er schön feucht bleibt.

Experimentieren Sie, und finden Sie Ihren Weg zum gekonnten kombinierten Garen. Mit dem Profi Steam lässt sich das Kochen ganz Ihren individuellen Bedürfnissen anpassen.

Raffiniertes, unkompliziertes Garen mit Dampf

Das Dampfgaren ist eine äusserst schonende Grundzubereitungsart, bei der die Nährstoffe weitestgehend in den Lebensmitteln erhalten bleiben. Es ist somit die richtige Wahl für eine moderne, gesunde Küche. Die Dampfgarfunktion eignet sich zum Sieden, Blanchieren, Pochieren und Dämpfen. Sie können damit Gemüse, Fisch, Reis, Getreide, Griess, Eier, Frischteigwaren und Fleisch – seien die Lebensmittel frisch oder gefroren – zubereiten, erwärmen oder auftauen. Speisen, die bisher der Profiküche vorbehalten waren oder aufwendig und ungenau im Wasserbad gegart werden mussten, wie etwa feine Terrinen und Flans, gelingen dank der Dampfgarfunktion einfach und sicher. Das Verkochen von Speisen ist fast nicht mehr möglich, Gemüse bleibt gesund und behält seinen Biss. Zudem findet beim Dampfgaren fast keine Geschmacksübertragung statt, so dass wir mehrere Speisen miteinander zubereiten können, ohne dass sie voneinander Geschmack annehmen.

Zum Garen mit Dampf eignet sich jedes Geschirr mit einer Temperaturbeständigkeit von mindestens 100 °C. Das Gebläse sorgt bei Verwendung der Grillroste für die gleichmässige Verteilung des Dampfes. Die Handhabung ist einfach: Das Wasser wird in die dafür vorgesehene Schublade in der Bedienblende eingefüllt, das Gargut kalt in einem Gefäss in den Backofen geschoben und die Funktion eingestellt. Das Wasser fliesst von der Schublade direkt in den Dampfgenerator, wo es auf die vorgestellte Temperatur erhitzt wird. Der dabei entstehende Dampf verteilt sich gleichmässig im Garraum. An der Oberfläche der dort befindlichen kälteren Lebensmittel kondensiert der Dampf und überträgt dabei seine Energie auf das Gargut. Die Speisen werden so bei gleichmässiger Erhitzung schonend, da nicht im Wasser schwimmend, gegart. Ein Überkochen, Anbrennen oder Auslaugen gibt es nicht, und die Möglichkeit des Verkochens ist viel geringer als bei herkömmlichen Methoden. Ein weiterer wichtiger Vorteil, der fürs Garen mit Dampf spricht: Weil nicht nur Mineralstoffe und Vitamine, sondern auch die Farben und Aromen der

Lebensmittel, da diese nicht im Wasser schwimmen, erhalten bleiben, hat das Gargut mehr Eigengeschmack; damit kann man den Einsatz von Salz und weiteren Gewürzen reduzieren.

Infos und Tipps zum Dampfgaren

- Der Dampferzeuger fasst 700 ml Wasser für etwa 40 Minuten Garzeit. Dies reicht für die meisten Gerichte, die im Dampfgarer zubereitet werden.
- Das Gargut immer kalt in den Ofen schieben.
- Grundsätzlich gilt, dass alle Gemüse, frische und gefrorene, miteinander gegart werden können.
- Gefrorenes Gemüse ohne vorheriges Auftauen dampfgaren.
- Werden verschiedene Speisen miteinander gegart, wird die Garzeit den Speisen, die am längsten brauchen, angepasst.
- Schnittart und Schnittgrösse haben einen wesentlichen Einfluss auf die Garzeit.
- Gesalzene und geräucherte Fleischstücke sollten vor dem Dampfgaren mindestens 1 Stunde in Wasser eingelegt werden, damit sich das Pökelsalz löst und ausgeschwemmt wird.
- Auch Dörrgemüse vor dem Dampfgaren immer in Wasser einlegen.
- Gleichzeitiges energiesparendes Dampfgaren verschiedenster Speisen auf drei Ebenen in einem Arbeitsgang ist möglich; alle Speisen sind gleichzeitig servierbereit.
- Alle Speisen lassen sich ohne grösseren Qualitätsverlust warm halten.
- Man kann die Speisen bereits im Serviergeschirr garen (Fond muss vor dem Servieren abgeschüttet werden).
- Je nach persönlichem Geschmack kann länger und somit weicher oder kürzer und bissfester gegart werden.
- Ist das Gargut nach Ablauf der Garzeit nicht genügend weich, muss zum Nachgaren eine Zeitdauer von mindestens 14 Minuten eingestellt werden (Dampfaufbau und Entdampfungsphase sind dabei berücksichtigt).
- Beim Regenerieren (Erwärmen unter gleichzeitiger Zufuhr von Feuchtigkeit) von Kartoffelpüree, Teigwaren und Polenta erreichen Sie mit der Funktion Dampfgaren ein besseres Resultat als mit der Funktion Intervallgaren.
- Saucen immer separat in einem mit Klarsichtfolie bedeckten Gefäss regenerieren, da sonst die Sauce durch den Wasserdampf verflüssigt wird.
- Für Flans, die gestürzt werden sollen, eignen sich die neuen, flexiblen Silikonformen sehr gut. Für Terrinen kann man die Form sogar mit Klarsichtfolie auskleiden, damit sich die Terrine anschliessend gut stürzen lässt.
- Für jegliches Gargut, das nicht mit dem Fond in Kontakt kommen soll, wie Gemüse oder Kartoffeln, immer die Lochschale verwenden.
- Falls vor dem Dampfgaren eine andere Funktion (z.B. Heissluft) gebraucht wurde, die Backofentemperatur immer zuerst unter 75 °C fallen lassen.

Damit sich nach dem Dampfgaren kein Wasser im Geschirr ansammelt:

- Die Tür während des Dampfgarens nicht öffnen.
- Der Dampfabbau von 5 Minuten am Ende des Programms muss eingehalten werden.
- Soll das Programm früher als vorgesehen unterbrochen werden, die Garzeit manuell zurückstellen; dabei die 5 Minuten Restzeit für den Dampfabbau berücksichtigen.
- Bei Gargut, das nicht mit dem Fond in Kontakt kommen soll, wie z.B. Gemüse, immer eine Lochschale oder einen Siebeinsatz verwenden.
- Falls überhaupt keine Feuchtigkeit auf den Speisen oder im Geschirr erwünscht ist, dieses mit Klarsichtfolie abdecken.

Intervallgaren

Beim Intervallgaren handelt es sich um eine Mischfunktion der beiden Programme «Heissluft» und «Dampfgaren». Der Heissluft wird alle 30 Sekunden eine Dampfphase von 10 Sekunden zugeschaltet.

Die dadurch der gewöhnlichen Heissluft beigefügte Feuchtigkeit ermöglicht für bestimmte Speisen ein optimales Ergebnis.

- Besonders geeignet ist das Intervallgaren für alle Backwaren, bei denen feuchter Kern von einer knusprigen Kruste umgeben sein soll.
- Mit der Intervallfunktion lassen sich Gratins und Aufläufe in nur einem Arbeitsgang und einem Geschirr optimal zubereiten.
- Grosse Fleischstücke werden durch den Dampf gleichmässig vorgegart und erhalten dennoch eine schöne goldbraune Kruste. Das ganze Fleischstück wird, ohne auszutrocknen, gleichmässiger durchgegart. Das Gargut verliert ausserdem viel weniger Flüssigkeit und daher kaum an Gewicht, was für grosse Fleischstücke wie Truthahn oder Fleischkäse ideal ist.
- Ein weiterer Vorteil: Bei der späteren Lagerung bleibt mehr Feuchtigkeit im Gargut – insbesondere bei Brot oder Cakes – über längere Zeit erhalten.

Allgemein gilt: Für alle Speisen, die gerne austrocknen, aber dennoch eine schöne Bräunung verlangen, ist das Intervallgaren angezeigt.

Tipps zum Intervallgaren

- Gebäck bleibt länger frisch und knusprig als bei herkömmlichen Backmethoden.
- Das feuchtwarme Klima erwärmt die Speisen, ohne sie auszutrocknen.
- Das Regenerieren (Erwärmen unter gleichzeitiger Zufuhr von Feuchtigkeit) von Speisen auf bis zu sechs Tellern gleichzeitig ist möglich (frittierte Speisen eignen sich nicht zum Regenerieren).
- Gleichzeitiges Garen auf drei Ebenen ist problemlos möglich.
- Tiefgefrorenes Brot wird schonend aufgetaut, die Rinde blättert nicht ab.
- Verwenden Sie immer hitzebeständiges Geschirr.

Die Garbehälter GBG 325 (oben) und GB 325 (unten).

- Nach dem Dampfgaren können Sie die Speisen bei 110 °C Intervall über längere Zeit ohne Qualitätsverlust warm halten.

Sinnvolles und nützliches Zubehör

Ganz nach dem Motto «Nichts ist so gut, dass man es nicht noch verbessern könnte» gibt es zum Profi Steam wertvolles Zubehör, das genau auf die speziellen Funktionen des Geräts zugeschnitten ist. Es ist bei Electrolux oder über den spezialisierten Fachhandel erhältlich.

Glas-Garbehälter GG 275 von Electrolux

Er eignet sich hervorragend für das Dämpfen von Gerichten, die mit Flüssigkeit zubereitet werden wie Reis, Mais oder Couscous. Der gelochte Einsatzrost wird beim Garen von Gemüse oder pochiertem Fisch verwendet, bei dem das Gargut nicht mit der Flüssigkeit in Kontakt kommen soll. Der Glas-Garbehälter GG 275 weist eine hohe Temperaturbeständigkeit auf und eignet sich deshalb auch für alle anderen Funktionen des Profi Steam (Heissluft, Ober-/Unterhitze usw.).

Edelstahl-Garbehälter GB 325 und GBG 325 von Electrolux

Der Edelstahl-Garbehälter hat die gleiche Funktion wie der Glas-Garbehälter, ist aber gegenüber mechanischer Beanspruchung robuster. Es gibt ihn in der Ausführung als reinen Garbehälter (GB 325) und in der gelochten Version als Einsatz (GBG 325).

Gelochte Einsatzroste ER-GG 275 und ER-GB 325 von Electrolux

Sie passen genau in die oben beschriebenen Garbehälter aus Glas bzw. Edelstahl, lassen sich aber auch

Der Garbehälter GB 325 mit dem gelochten Einsatzrost ER-GB 325.

in jedem anderen geeigneten Gargeschirr verwenden. Sie sind in den Grössen von 210 × 125 und 270 × 210 mm erhältlich.

Porzellan- und Glasformen
Selbstverständlich lässt sich für die Funktion Dampfgaren jedes Geschirr mit einer Temperaturbeständigkeit von mindestens 100 °C verwenden. Für gewisse Gerichte wie z.B. Kartoffelgratin sind Porzellanformen besonders geeignet, weil sich darin das Gericht gleich servieren lässt.

Terrinenformen
Zum Herstellen von Terrinen und Flans auf der Dampfgarstufe kommen Formen aus Metall, Porzellan oder Kunststoff in Frage, deren Temperaturbeständigkeit mindestens 100 °C beträgt. Stellen Sie die Formen mit dem Gargut immer auf den Gitterrost, damit sich der Dampf gleichmässig um das Geschirr verteilen kann.

Es könnte ja sein, dass ...

... Sie wider Erwarten auf Probleme stossen. Hier ein paar Tipps zu ihrer Lösung.

Backgut geht nicht richtig auf.
Falsche Temperatureinstellung.
Die eingestellte Temperatur überprüfen, mit den Angaben in der Tabelle und im Rezept vergleichen.

Back- oder Bratgut bräunt nicht.
Zu niedrige Temperatur.
Temperatureinstellung erhöhen, Garzustand prüfen und eventuell die Garzeit entsprechend verkürzen.

Ungeeignete Back- oder Bratform.
Bei Ober-/Unterhitze oder Heissluft wenn immer möglich Backformen aus gut leitendem Material verwenden. Hier hat sich das klassische Schwarzblech als optimal erwiesen.

Back- oder Bratgut wird zu dunkel.
Zu hohe Temperatur.
Die eingestellte Temperatur überprüfen, mit den Angaben in der Tabelle und im Rezept vergleichen und gegebenenfalls Temperatureinstellung vermindern und Zeit verlängern.

Backgut wird zu trocken.
Backdauer wegen zu niedriger Temperatur zu lang.
Die eingestellte Temperatur überprüfen, mit den Angaben in der Tabelle und im Rezept vergleichen, gegebenenfalls Temperatureinstellung erhöhen und Zeit verkürzen.

Backgut wird zu feucht.
Backdauer wegen zu hoher Temperatur zu kurz, nicht genügend Feuchtigkeit ausgebacken. Auf den unteren Temperaturwert in der Tabelle einstellen.

Zu viel Flüssigkeit im Teig.
Teig mit weniger Flüssigkeit zubereiten.

Zur Gartabelle

Die in den folgenden Gartabellen angegebenen Zeiten sind Richtwerte und variieren je nach Grösse, Menge und Qualität der verwendeten Produkte.
Natürlich sind auch hier Ihre eigenen Vorlieben und Erfahrungen das Mass aller Dinge. Eine Karotte nach Grossmutters Sonntagsrezept ist schliesslich kaum mit dem knackigen Karöttchen eines Nouvelle-Cuisine-Liebhabers zu vergleichen.

Die Rezepte sind, sofern nicht anders vermerkt, für 4 Personen berechnet.

Dampfgartabelle

Dampfgaren mit 100 % Dampf bei 96 °C

Gemüse

Artischocken	40–50	Minuten
Auberginen	15–25	Minuten
Blumenkohl	25–30	Minuten
Bohnen *Bohnen vor dem Dämpfen 5 Minuten in kochendem Wasser blanchieren, nach dem Blanchieren kalt abschrecken*	35–40	Minuten
Broccoli	20–30	Minuten
Chicorée	25–30	Minuten
Dörrbohnen, eingeweicht	45	Minuten
Erbsen	15–25	Minuten
Fenchel	25–35	Minuten
Gemüse blanchieren *nach dem Blanchieren kalt abschrecken*	15	Minuten
Karotten	25–35	Minuten
Kartoffeln, in der Schale gekocht (Gschwellti)	45–50	Minuten
Kartoffeln, Salzkartoffeln	35–45	Minuten
Kefen (Kaiserschoten)	20–30	Minuten
Kohl, Weiss- oder Rot- *in Streifen, Strunk entfernen*	40–50	Minuten
Kohlrabi	25–35	Minuten
Kohlrouladen	35–40	Minuten
Krautstiel	25–35	Minuten
Kürbis, halbiert, entkernt	20–30	Minuten
Kürbis, Würfel	15–25	Minuten
Lauch	25–35	Minuten
Pak Choi	20–30	Minuten
Peperoni (Paprika)	15–25	Minuten
Randen (Rote Bete)	70–90	Minuten
Rosenkohl	25–30	Minuten
Sauerkraut	60	Minuten
Schwarzwurzeln, geschnitten	25–30	Minuten
Sellerie	25–35	Minuten
Spargeln, grün	25–30	Minuten
Spargeln, weiss	30–40	Minuten
Spinat	15–20	Minuten
Stangensellerie	20–30	Minuten
Süsskartoffeln	20–30	Minuten
Tomaten	10–15	Minuten
Tomaten schälen *Strunk entfernen, oben kreuzweise einschneiden*	10	Minuten
Wirsing blanchieren, Blätter	15	Minuten
Wirsing, geschnitten	25–35	Minuten
Zucchini	15–25	Minuten
Zuckermaiskolben	30–40	Minuten

Beilagen

Bulgur *1 Teil Bulgur, 1 Teil Wasser*	25–35	Minuten
Couscous *1 Teil Couscous, 1 Teil Wasser, am Schluss mit einer Gabel lockern*	12–20	Minuten
Ebly *1 Teil Ebly, 1 Teil Wasser*	20–30	Minuten
Frischteigwaren (z.B. Ravioli) *mit Flüssigkeit ½ Höhe der Teigwaren*	20–25	Minuten
Knödel *ohne Zusatzflüssigkeit*	30–40	Minuten
Knöpfli *mit Butterflocken und Reibkäse*	30	Minuten
Polenta, Bramata *1 Teil Mais, 3 Teile Flüssigkeit (Milch/Bouillon)*	45–50	Minuten
Reis, Parfümreis *1 Teil Reis, 1 Teil Wasser*	20–25	Minuten
Reis, Trockenreis *1 Teil Reis, 1½ Teile Flüssigkeit (z.B. Bouillon)*	35–40	Minuten
Reis, Vollkorn- *1 Teil Reis, 2½ Teile Flüssigkeit*	50–60	Minuten
Risotto und Milchreis *1 Teil Reis, 2½ Teile Flüssigkeit*	30–35	Minuten
Teigwaren regenerieren *vor dem Regenerieren mit einer Gabel lockern*	12–15	Minuten
Griessbrei *1 Teil Griess, 4 Teile Milch*	20–25	Minuten
Griessköpfchen *1 Teil Griess, 3 Teile Milch*	20–25	Minuten
Linsen, rot *1 Teil Linsen, 1 Teil Bouillon*	20–30	Minuten
Linsen, grün und braun *1 Teil Linsen, 3 Teile Bouillon*	60	Minuten

Früchte

Apfelschnitze	10–20	Minuten
Heisse Beeren	10–15	Minuten
Heisse Früchte	12–15	Minuten
Himbeeren entsaften *Garschale ohne Einsatz, danach absieben*	30	Minuten
Kompott	20–25	Minuten
Schokolade in Schüssel *schmelzen*	20–25	Minuten

Eier und Eierprodukte

Ei, Frühstücksei	12	Minuten
Ei, hart gekocht	20	Minuten
Ei, pochiert im Töpfchen *Tasse mit eingeölter Folie auslegen*	12	Minuten
Intervallgaren Plus *Dampfgaren mit 50 % Dampf bei 85–90 °C Heissluft*		
Eierstich	15–20	Minuten *je nach Höhe und Volumen*
Flans, Köpfchen, pochiert	20–30	Minuten *je nach Höhe und Volumen*
Terrinen, Gemüse/Fisch *Terrine mit Folie auslegen*	25–35	Minuten

Fleisch, Fisch, Geflügel

Braten regenerieren, ca. 1,5 kg *z.B. Kalbsschulter, Schweinshals*	45–50	Minuten
Crevetten	15–20	Minuten
Eisbein (Wädli)	100	Minuten
Fischfilets	15	Minuten
Fischwürfel, ca. 3 cm dick	12	Minuten
Fleischkäse, in Tranchen	15–20	Minuten
Forelle, ganz *auf Gemüsebett oder im Sud (Forelle blau)*	25–35	Minuten
Lammragout, Eintopf	90	Minuten
Muscheln	15–20	Minuten
Pouletbrüstchen	20	Minuten
Rippli (Kasseler), ca. 1 kg *vorher 1 Stunde in kaltes Wasser legen*	60	Minuten
Rollschinken, ca. 1 kg *ohne Folie in den Garbehälter legen*	60	Minuten
Saucisson vaudois	35	Minuten
Saucisson neuchâtelois	25	Minuten
Schweinswürstchen	20	Minuten
Siedfleisch, je nach Gewicht *in Gemüsesud/Bouillon*	90–120	Minuten
Weisswürste	15–20	Minuten
Wienerli (Frankfurter)	15	Minuten

Intervallgartabelle

Aufbacken von Tiefkühlbrot,160 °C	15	Minuten
Auflauf, 170–180 °C	30–40	Minuten
Auftauen von Fleisch, 50 °C	je nach Grösse und Gewicht	
Blätterteig-Apérogebäck, je nach Grösse, 180–190 °C	20–35	Minuten
Brot, 180–200 °C *Klopftest: Es muss hohl tönen.*	40–50	Minuten
Brötchen, 180 °C	25–35	Minuten
Ente, 1–1,5 kg, 160 °C	ca. 90	Minuten
Fleischkäse, 500 g, 170 °C	ca. 40	Minuten
Frischback-/Aufbackbrötchen, 160–180 °C *gemäss Angaben auf der Verpackung*	15–25	Minuten
Gratin, Kartoffel-/Gemüse-170–180 °C	40–50	Minuten
Kalbsbraten (z.B. Schulter) 1–1,5 kg, 150–160 °C	ca. 90	Minuten
Kasseler-Braten, 1–1,5 kg 150–160 °C	ca. 90	Minuten
Lammgigot (Lammkeule) 150 °C	120–150	Minuten
Lasagne, 170–180 °C	40–50	Minuten
Poulet, ca. 1 kg, 160–180 °C	40–50	Minuten
Regenerieren fertiger Speisen auf Tellern, 110 °C	15–20	Minuten
Schweinsbraten (z.B. Hals), 1–1,5 kg, 150–160 °C	ca. 90	Minuten
Wonton, chinesische Ravioli, 180 °C	20–25	Minuten

Vorspeisen und Salate

Auberginenkaviar

2 Auberginen
2 Tomaten
30 g schwarze Oliven, entsteint
1 Knoblauchzehe
1 Zitrone, Saft
3 EL Olivenöl
Salz, Pfeffer aus der Mühle
4 Scheiben Toastbrot

Die Auberginen waschen, mit einer Gabel rundherum mehrmals einstechen und 60 Minuten bei 180 Grad intervallgaren. Herausnehmen und erkalten lassen.
Die Tomaten oben kreuzweise leicht einritzen, 10 Minuten bei 95 Grad dampfgaren, dann mit kaltem Wasser abschrecken und schälen. Die Tomaten halbieren, entkernen und zusammen mit den Oliven grob hacken. Den Knochlauch dazupressen.
Die Auberginen der Länge nach halbieren und das Fruchtfleisch mit einem Löffel herauskratzen. Zu den Tomaten geben und alles mit einem Messer fein hacken. Tropfenweise den Zitronensaft und das Olivenöl darunterrühren, so dass die Masse sämig wird. Mit Salz und Pfeffer abschmecken.
Das Toastbrot unter dem Grill etwa 2 Minuten toasten und zusammen mit dem Auberginenkaviar servieren.

Tipp:
Der Auberginenkaviar hält sich in einem fest verschlossenen Glas im Kühlschrank mindestens 2 Wochen.

Auberginenkaviar

Geflügel-Cocktail

300 g Pouletbrust, in 1 × 1 cm grosse Würfel geschnitten
200 g feiner, grüner Spargel, in ½ cm dünne Scheiben geschnitten
1 Karotte, geschält, fein gewürfelt
1 Stangensellerie, fein gewürfelt
50 g Schinken, fein gewürfelt

100 ml Joghurt nature
50 ml Mayonnaise
1 Spritzer Zitronensaft
Salz, Pfeffer aus der Mühle

Pouletwürfel, Karotte, Stangensellerie und Spargel in eine Garschale geben und 20 Minuten dampfgaren. Auf Zimmertemperatur abkühlen lassen.
Den Joghurt mit der Mayonnaise verrühren. Mit Salz, einem Spritzer Zitronensaft und frisch gemahlenem Pfeffer abschmecken.
Die Poulet-Gemüse-Mischung samt dem Garfond mit dem Schinken und der Joghurtsauce vermengen und in Cocktailgläser anrichten.

Tipp:
Mit Currypulver gewürzt, wird dieses Gericht zu einer rassigen Vorspeise. Dazu passt eine Früchtegarnitur mit Melone, Ananas oder Pfirsich.

Foie-gras-Terrine

120 g Gänseleber
1 EL Portwein
1 TL Honig
Salz, Pfeffer aus der Mühle
150 ml Rahm
1 Ei, verquirlt

Die rohe Gänseleber von Hand in mehrere Stücke brechen und mit einem kleinen Messer die roten Äderchen so gut wie möglich entfernen.
Den Portwein leicht erwärmen und den Honig darin auflösen. Die Gänseleberstücke in einem möglichst kleinen, hohen Gefäss mit der Honig-Portwein-Mischung übergiessen, mit Salz und Pfeffer würzen und zugedeckt über Nacht im Kühlschrank marinieren lassen.
Den Rahm kurz aufkochen, vom Herd ziehen und auf etwa 60 Grad abkühlen lassen. Nun die marinierte Gänseleber portionenweise unter den Rahm rühren. Zuletzt das verquirlte Ei daruntermischen und die Masse nochmals abschmecken. Das Ganze durch ein Sieb streichen und in eine passende Form füllen. Die Terrine mit Intervall plus bei 90 Grad 35 Minuten garen. Im Kühlschrank abkühlen lassen.

Tipp:
Dazu passen sehr gut karamellisierte Apfelschnitze und Toastbrot.

Crevetten-Cocktail

300 g Crevetten, frisch oder tiefgekühlt
Salz
1 Spritzer Zitronensaft

150 g Mayonnaise
50 g Ketchup
50 g Sauerrahm
10 ml Cognac
Pfeffer aus der Mühle

4 Blätter Cicorino rosso,
in feine Streifen geschnitten
4 Lattichblätter, in feine Streifen geschnitten
4 Chicoréeblätter als Garnitur

Die Crevetten unter fliessendem Wasser spülen, dann im gelochten Siebeinsatz 10 Minuten dampfgaren. Auskühlen lassen und mit wenig Salz und einem Spritzer Zitronensaft abschmecken.
Die Mayonnaise mit Ketchup, Sauerrahm und Cognac verrühren. Mit Pfeffer abschmecken.
Lattich und Cicorino in 4 grosse Gläser verteilen.
Die pochierten Crevetten zur Cocktailsauce geben, gut verrühren und in die Gläser verteilen. Ein Chicoréeblatt als Garnitur hineinstecken.

Crevetten-Cocktail

Schafskäse mit Zucchettistreifen

4 kleine Schafskäse à ca. 50 g
1 Zucchetti, gewaschen, trockengetupft
2 schwarze Oliven, entsteint
4 EL Olivenöl bester Qualität

Den Schafskäse Zimmertemperatur annehmen lassen. Von der Zucchetti von allen 4 Seiten her 8 möglichst gleichmässige Streifen abschneiden. Das innere Weisse der Zucchetti wird nicht verwendet. Die Zucchettistreifen in eine Garschale legen und 10 Minuten dampfgaren. Mit den noch lauwarmen Zucchettistreifen die Schafskäse wie eine Geschenkpackung umwickeln. Die Oliven halbieren und die eingepackten Ziegenkäse damit garnieren. Mit dem Olivenöl übergiessen und mit frischem Baguette servieren.

Tomatenmousse

250 g reife Tomaten, gewaschen, Stielansatz entfernt
Salz, Pfeffer aus der Mühle
2 EL Olivenöl
1 Koblauchzehe, gehackt
3 Basilikumblätter, fein geschnitten
4 Blatt Gelatine
50 ml Rahm

Die Tomaten in Stücke schneiden, mit Salz und Pfeffer abschmecken.
Das Olivenöl erhitzen, Knoblauch und Basilikum darin kurz anbraten und über die Tomaten geben. Die Tomatenmischung in ein hohes Gefäss füllen und 30 Minuten dampfgaren.
Die Gelatineblätter kurz in kaltem Wasser einweichen.
Die gedämpften Tomaten im Mixer pürieren und durch ein Sieb streichen. Auf etwa 30 Grad erkalten lassen, dann die ausgedrückte Gelatine darin auflösen und die Masse im Kühlschrank stocken lassen.
Den Rahm steif schlagen und, bevor die Tomatenmasse zu stocken beginnt, darunterziehen.
4 beliebige Formen mit Frischhaltefolie auskleiden, mit der Masse füllen und mindestens 2 Stunden im Kühlschrank fest werden lassen. Zum Servieren stürzen.

Tipp:
Passt perfekt zu Blattsalaten, Mozzarella und Gegrilltem.

Schafskäse im Zucchettistreifen

Pikante Tomatensalsa zum Dippen

5 Fleischtomaten
2 EL Olivenöl
1 Bund Basilikum, fein geschnitten
Salz, Sambal Oelek

Die Tomaten oben kreuzweise leicht einritzen und den Stielansatz herausschneiden. Auf einem Gittereinsatz in einer Garschale etwa 5 Minuten dampfgaren, dann unter kaltem Wasser abschrecken, schälen und in Würfel schneiden.
Das Olivenöl in einer Bratpfanne kurz erhitzen, die Tomatenwürfel dazugeben und kurz einkochen lassen. Mit dem fein geschnittenen Basilikum, Salz und Sambal Oelek nach Geschmack abschmecken.

Tipp:
Passt zu Nachos, Chips, Pommes frites oder als Beilage zu Kartoffeln in der Schale.

Blumenkohlsalat

600 g Blumenkohl, geputzt, in kleine Röschen zerteilt
4 ganze Eier

Für die Salatsauce:
1 Schalotte, fein gehackt
1 Bund Petersilie, fein gehackt
3 EL weisser Balsamicoessig
6 EL Olivenöl
Salz, Pfeffer aus der Mühle

Den Blumenkohl in ein Lochgeschirr geben und in den Ofen geben. Die Eier im Eierkarton, aber ohne Deckel, dazustellen und beides zusammen 20 Minuten dampfgaren.
Schalotte und Petersilie mit Balsamicoessig, Olivenöl, Salz und Pfeffer zu einer Vinaigrette rühren.
Die Eier in kaltem Wasser abschrecken, schälen, in Würfel schneiden und zur Vinaigrette dazugeben.
Die Blumenkohlröschen lauwarm abkühlen lassen und mit der Vinaigrette übergiessen.

Rindfleischsulze hausgemacht

Für eine Terrinenform von 600 ml Inhalt

Für das Fleisch:
200 g Tafelspitz vom Rind (Schulter- oder Beinfleisch), kalt abgespült
1 Lorbeerblatt
2 Nelken
1 Zweig Petersilie
grob zerstossene Pfefferkörner, Salz

100 g Knollensellerie, geschält
100 g Karotten, geschält
100 g Zucchetti
200 ml Bouillon vom Fleischgaren
3 Blatt Gelatine
2 TL Weissweinessig
Salz, Pfeffer aus der Mühle

Das Rindfleisch am Vortag garen. In einer Kasserolle Wasser zum Kochen bringen, das Fleisch in das kochende Wasser geben. Lorbeerblatt, Nelken, Petersilienzweig, Pfefferkörner und Salz dazugeben. Den Sud nochmals kurz aufkochen, dann das Fleisch zugedeckt bei 140 Grad 2 bis 2½ Stunden intervallgaren.
Den Topf herausnehmen und abkühlen lassen, das Rindfleisch herausheben und im Kühlschrank lagern. Den Garsud bereithalten.

Das Gemüse in Scheiben schneiden und 25 Minuten dampfgaren.
Das Fleisch in etwa 1 cm dünne Scheiben schneiden. Die Bouillon lauwarm erwärmen. Die Gelatine kurz in kaltem Wasser einweichen, dann ausdrücken und in der Bouillon auflösen. Mit Weissweinessig, Salz und Pfeffer abschmecken und kühl stellen, bis sie leicht dickflüssig geworden ist.

Die Terrinenform mit Klarsichtfolie auskleiden. Etwas Sulze in einer dünnen Schicht auf dem Boden verteilen, danach die erste Lage Karotten daraufgeben, auf diese eine Lage Sellerieschieben und anschliessend eine Lage Rindfleischscheiben legen, dann wieder mit Sulze übergiessen. So weiterfahren, bis die Form gefüllt und/oder die Zutaten aufgebraucht sind. Das Ganze mindestens 5 Stunden kühl stellen und fest werden lassen.
Vor dem Servieren die Terrinenform kurz in heisses Wasser tauchen und sofort stürzen. Die Sulze vorsichtig mit einem scharfen Messer in 1 cm breite Scheiben schneiden und auf Blattsalat anrichten.

Tipp:
Der restliche Garsud vom Rindfleisch ist eine optimale Basis zur Herstellung von Suppen.

Cherrytomatensalat

400 g Cherrytomaten, halbiert

Für die Salatsauce:
1 Schalotte, fein gehackt
10 Basilikumblätter, fein geschnitten
2 EL Balsamicoessig
4 EL Olivenöl
Salz, Pfeffer aus der Mühle

50 g Pistazien, geröstet und grob gehackt
150 g Rucola, gewaschen, grob geschnitten

Die Cherrytomaten in eine Garschale geben und 10 Minuten dampfgaren.
Schalotte und Basilikum mit Balsamicoessig, Olivenöl, Salz und Pfeffer zu einer Vinaigrette rühren.
Die Cherrytomaten anrichten und mit der Sauce übergiessen. Die Pistazien und den Rucola darüber verteilen. Lauwarm servieren.

Broccoliterrine

Für eine Terrinenform von 700 ml Inhalt

200 g Broccoli, in Röschen zerteilt
3 Eier
100 ml Rahm
100 g Rahmquark
Salz und Pfeffer aus der Mühle

Den Broccoli kurz blanchieren, kalt abschrecken und abtropfen lassen.
Die Eier mit dem Rahm und dem Rahmquark zu einer glatten Masse verrühren und mit Salz und Pfeffer kräftig abschmecken.
Die Terrinenform mit Klarsichtfolie auskleiden. Die Broccoliröschen kopfüber in die Form stellen und mit der Ei-Quark-Mischung auffüllen. Mit dem überlappenden Teil der Klarsichtfolie bedecken.
Die Terrine bei 90 Grad etwa 30 Minuten intervallgaren und anschliessend noch weitere 30 Minuten im Ofen ziehen lassen. Herausnehmen und in der Form auskühlen lassen.
Mit einer kräftigen Vinaigrette aus Zwiebeln, Saisonkräutern, Olivenöl und Balsamicoessig auf einem knackigen Blattsalat anrichten.

Cherrytomatensalat

Russischer Salat

300 g Kartoffeln, geschält, klein gewürfelt
200 Karotten, geschält, klein gewürfelt
150 g Erbsen, tiefgekühlt
3 Eier

Für die Mayonnaise:
1 Eigelb
1 TL Dijonsenf
2 TL Essig
100 ml Sonnenblumenöl
1 Spritzer Zitronensaft
Salz

60 g Essiggurken, klein gewürfelt
1 Schalotte, fein gehackt
1 TL Kapern
1 Bund Petersilie, fein gehackt
Salz, Pfeffer aus der Mühle

Die Kartoffel- und die Karottenwürfelchen mit den gefrorenen Erbsen mischen und zusammen mit den Eiern im Eierkarton (Deckel entfernt) in eine Garschale geben und 25 Minuten dampfgaren. Die hartgekochten Eier anschliessend schälen und klein würfeln.
Für die Mayonnaise das Eigelb mit Senf und Essig zu einer homogenen Masse verrühren. Das Sonnenblumenöl nach und nach dazugeben und immer gut rühren, so dass eine Mayonnaise entsteht. Am Schluss mit einem Spritzer Zitronensaft und Salz abschmecken.
Das gegarte Gemüse mit den weiteren klein geschnittenen Zutaten (Eier, Essiggurken, Schalotte), den Kapern und der Petersilie mischen, die Mayonnaise darunterziehen und falls nötig nochmals nachwürzen.

Salade niçoise deluxe mit frischem Thunfisch

250 g Kartoffeln
150 g grüne Bohnen, tiefgekühlt

Für die Salatsauce:
1 TL Dijonsenf
1 EL Weissweinessig
4 EL Olivenöl
Salz, Pfeffer aus der Mühle

250 g frischer Thunfisch, grob gewürfelt
200 g Cherrytomaten, halbiert
300 g junger Lattichsalat, in Streifen geschnitten, gewaschen

180 ml Sauerrahm
30 g Kapernäpfel
50 g Oliven
1 Schalotte, in feine Ringe geschnitten

Die Kartoffeln schälen, in 1 × 1 cm grosse Würfel schneiden und zusammen mit den tiefgekühlten Bohnen in eine Garschale mit gelochtem Siebeinsatz geben. 20 Minuten dampfgaren, dann auf Zimmertemperatur abkühlen lassen.
Senf, Essig, Olivenöl, Salz und Pfeffer zu einer homogenen Salatsauce rühren. Die lauwarmen Kartoffeln und Bohnen mit der Salatsauce mischen.
Den Thunfisch auf einen Siebeinsatz geben und 10 Minuten dampfgaren.
Lattich und Cherrytomaten mischen und auf grosse Teller geben, die angemachten Kartoffeln und Bohnen darauf anrichten und zuletzt den lauwarmen Thunfisch darauf verteilen.
Den Sauerrahm gleichmässig über den Thunfisch träufeln und den Salat mit den Kapern, den Oliven und den Schalottenringen garnieren.

Salade niçoise deluxe

Lauwarmer Linsensalat

150 g braune Linsen
150 ml Wasser

Für die Salatsauce:
1 Schalotte, fein gehackt
1 TL Senf
1 TL Honig
2 EL Balsamicoessig
4 EL Olivenöl
100 ml Sauerrahm
Salz, Pfeffer aus der Mühle

50 g Rucola, grob gehackt

Die Linsen mindestens 1 Stunde in kaltem Wasser einweichen. Abgiessen. Anschliessend mit der gleichen Menge Wasser rund 30 Minuten dampfgaren (die Garzeit ist abhängig von Sorte und Alter der Linsen).
Die Zutaten für die Salatsauce gut verrühren, mit den noch warmen Linsen und dem Rucola mischen und nochmals abschmecken. Den Salat lauwarm auf Tellern anrichten.

Gemüse-Papaya-Salat

1 grüne Papaya
200 g Schlangenbohnen
100 g Cherrytomaten, halbiert

Für die Salatsauce:
4 EL Olivenöl
2 Knoblauchzehen
2 rote Chilischoten, halbiert, entkernt, in feinste Streifchen geschnitten
2 Limetten, Saft
2 EL Fischsauce
1 EL Sojasauce
1 EL Austernsauce
1 Würfel oder 1 TL Rohrzucker

50 g gesalzene Erdnüsse, ganz
1 Bund Koriander, grob zerzupft

Die Papaya mit dem Sparschäler schälen. Das helle Fleisch mit dem Sparschäler in ganz feinen Streifen von der Frucht schneiden und dann quer in möglichst feine Streifchen scheiden.
Die Schlangenbohnen in etwa 5 cm lange Stücke schneiden, in eine Garschale mit Siebeinsatz geben und 15 Minuten dampfgaren.
Inzwischen das Olivenöl in einer Pfanne auf mittlerer Stufe erhitzen, den Knoblauch dazupressen, die Chilistreifen beifügen und glasig dünsten, mit dem Limettensaft ablöschen, Fischsauce, Sojasauce, Austernsauce und Zucker dazugeben, verrühren, vom Herd nehmen und abschmecken.
Die Papayastreifen mit den warmen Schlangenbohnen und den Cherrytomaten vermischen. Die Sauce erst kurz vor dem Servieren darübergiessen, mit den Erdnüssen und dem Koriander garnieren.

Gemüse-Papaya-Salat

Griessnockensuppe

Für die Griessnocken:
1 Ei
60 g Butter, zimmerwarm
Muskatnuss, Salz, Pfeffer aus der Mühle
120 g Weizengriess

1,2 l Bouillon
1 Bund Schnittlauch, fein geschnitten

Das Ei gut verquirlen. Die Butter schaumig rühren und mit dem Ei gründlich vermischen. Mit Muskatnuss, Salz und Pfeffer abschmecken. Den Griess nach und nach darunterrühren, bis zuletzt eine feste Masse entstanden ist. Eine halbe Stunde bei Zimmertemperatur ruhen lassen. Dann mit zwei Esslöffeln 8 gleichmässige Nocken formen, in eine Garschale geben und 30 Minuten dampfgaren.
Inzwischen die Bouillon erhitzen. Die Griessnocken auf vorgewärmte Suppenteller verteilen, die heisse Bouillon darübergiessen, mit dem Schnittlauch garnieren und servieren.

Tipp:
Die Griessnocken passen auch sehr gut zu Salat oder einem Saucengericht.

Speckknödel

1 kleine Schalotte, fein geschnitten
20 g Butter
60 g Speck, klein gewürfelt
150 g Weissbrot ohne Kruste, klein gewürfelt (½ x ½ cm)
30 g Mehl
50 ml Milch
2 Eier
1 Bund Petersilie, fein geschnitten
Salz, Pfeffer aus der Mühle

1,2 l Bouillon
1 Bund Schnittlauch, fein geschnitten

Eine Bratpfanne erhitzen, die Schalotte in der Butter andünsten, die Speckwürfelchen dazugeben und kurz mitdünsten, dann alles zu den Weissbrotwürfelchen geben und gut vermischen.
Das Mehl in der Milch auflösen, zusammen mit den Eiern und der Petersilie zur Brotmischung geben und alles zu einem homogenen Teig vermengen. Mit Salz und Pfeffer abschmecken. Die Masse eine halbe Stunde im Kühlschrank ruhen lassen. Dann daraus 8 gleich grosse Knödel formen, diese einzeln in Klarsichtfolie wickeln und in einer Garschale mit gelochtem Siebeinsatz 30 Minuten dampfgaren.
Inzwischen die Bouillon erhitzen. Die Knödel auf vorgewärmte Suppenteller verteilen, die heisse Bouillon darübergiessen, mit dem Schnittlauch garnieren und servieren.

Tipp:
Die Speckknödel passen auch hervorragend zu Salat, einem Saucengericht oder einem Gulasch.

Fischterrine

Für eine Terrinenform von 1 l Inhalt

350 g Hechtfilet, klein gewürfelt
150 g Merlanfilet, klein gewürfelt
200 ml Vollrahm
2 Eiweiss
20 ml Noilly Prat (trockener Wermut)
Salz, Pfeffer aus der Mühle
200 g Lachstranche, in 3 gleichmässig dicke Streifen geschnitten, als Einlage

Alle Zutaten müssen vor und während der Verarbeitung immer sehr kalt gehalten werden. Am besten arbeitet man in Metallschüsseln, die man auf ein Eiswürfelbad stellt.

Das klein gewürfelte Hecht- und Merlanfilet mit 50 ml Rahm und Salz im Cutter (Moulinette) fein pürieren. Das Fischpüree durch ein Sieb streichen, um eine faserfreie Masse zu erhalten. Anschliessend den restlichen Rahm nach und nach unter die Fischmasse mischen. Das Eiweiss kurz aufschlagen und gut unter die Masse heben. Mit Pfeffer und Noilly Prat abschmecken.

Die Terrinenform mit Klarsichtfolie auskleiden. Die Hälfte der Fischmasse hineinfüllen, die Lachsstreifen in der Mitte darauflegen und mit der restlichen Masse auffüllen.

Die Terrine mit Intervall plus bei 90 Grad 35 Minuten garen und anschliessend noch weitere 30 Minuten im Ofen ziehen lassen. Herausnehmen und im Kühlschrank kalt stellen.

Kalbfleischsalat

400 g Kalbsnuss oder Kalbsunterspälte
Pfeffer aus der Mühle, Salz
Öl zum Braten

je 1 gelbe und 1 rote Peperoni (Paprika), halbiert, entkernt, in feine Streifen geschnitten
1 Schalotte, in feine Streifen geschnitten
100 g Essiggurken, in feine Scheiben geschnitten
1 Bund Petersilie, grob gehackt

3 EL Balsamicoessig
2 EL Rotweinessig
4 EL Olivenöl

Das Fleisch mit Pfeffer würzen, in heissem Öl kurz scharf anbraten. Danach das Fleisch salzen und mit Intervallfunktion bei 130 Grad garen, bis eine Kerntemperatur von 60 Grad erreicht ist. Das Fleisch auf Zimmertemperatur abkühlen lassen, dann in Streifen schneiden.
Das Fleisch mit Peperonistreifen, Schalotte, Essiggurken und Petersilie gut vermischen. Aus Essig, Öl, Salz und Pfeffer eine Vinaigrette rühren, über den Salat giessen, mischen und nochmals abschmecken.

Kalbfleischsalat

Kürbissalat

500 g Kürbis, geschält
50 g Kürbiskerne
20 g Butter

Für die Salatsauce:
3 EL weisser Balsamicoessig
2 EL Olivenöl
2 EL Kürbiskernöl
Salz, Pfeffer aus der Mühle

1 Becher (10 g) Sauerrahm
1 Bund Schnittlauch, fein geschnitten

Den Kürbis in möglichst gleichmässige, mundgerechte Scheiben schneiden, salzen.
Die Kürbiskerne auf ein Blech geben und unter dem Backofengrill bei 230 Grad ganz kurz rösten, ohne dass sie braun werden, ihr Geschmack sich aber voll entfaltet.
Eine Bratpfanne erhitzen, die Butter hineingeben und die Kürbisscheiben darin kurz andünsten. Dann 10 Minuten dampfgaren.
Aus Balsamicoessig, Oliven- und Kürbiskernöl sowie Salz und Pfeffer eine Salatsauce rühren. Zusammen mit den Kürbiskernen über die gegarten Kürbisscheiben geben und vorsichtig mischen.
Mit dem Sauerrahm garnieren und zuletzt den Schnittlauch darüberstreuen. Lauwarm oder kalt servieren. Passt hervorragend zu Kartoffeln in der Schale und Käse.

Won Tons

Für den Teig:
10 g Hefe
60 ml Wasser, lauwarm
200 g Weissmehl
50 g Reismehl
1 Msp. Salz
1 Msp. Zucker
10 ml Sesamöl

Für die Füllung:
150 g Hackfleisch (Schwein oder gemischt)
1 Schalotte, fein gehackt
1 Knoblauchzehe, fein geschnitten
2 EL Sojasauce
1 EL Austernsauce
Pfeffer aus der Mühle
1 Prise Zucker
1 Ei, verquirlt
Schnittlauchhalme zum Binden

Für den Teig die Hefe im lauwarmen Wasser auflösen. Das Weissmehl mit dem Reismehl sieben, um sie gut zu vermischen. Die Mehlmischung in eine Teigschüssel geben und in der Mitte eine Vertiefung bilden. Die aufgelöste Hefe in die Mulde giessen, mit Mehl vom Rand der Mulde zu einem Teig verarbeiten. Salz, Zucker und das Sesamöl dazugeben und alles kräftig kneten, bis ein schön glänzender Teig entstanden ist. Den Teig zugedeckt 1 Stunde an einem warmen Ort aufgehen lassen. Während dieser Zeit dreimal wieder zusammenschlagen.
Für die Füllung das Hackfleisch zusammen mit Schalotte und Knoblauch in einer Bratpfanne scharf anbraten. Mit Sojasauce, Austernsauce, Pfeffer und Zucker abschmecken. Vom Herd nehmen und kurz etwas abkühlen lassen. Dann das verquirlte Ei daruntermischen.
Die Schnittlauchhalme kurz in siedend heisses Wasser geben, abgiessen und kalt abschrecken. (Auf diese Art brechen die Halme nicht beim Umwickeln.)
Den Teig etwa 1 cm dick ausrollen, mit einem Ausstecher von zirka 6 cm Durchmesser Rondellen ausstechen. Auf jede Teigrondelle 1 Esslöffel Hackfleischfüllung geben. Den Teig über der Füllung zusammenraffen und oben fest zusammendrücken. An einem warmen Ort 30 Minuten ruhen lassen, dann mit den Schnittlauchhalmen umwickeln und binden. Die Won Tons in einen gebutterten Locheinsatz stellen und 20 Minuten dampfgaren. Warm servieren und dazu Soja- und Chilisauce reichen.

Tipp:
Won Tons werden in Asien ebenso mit Fisch-, Gemüse- und Crevettenfüllung angeboten und als Süssigkeit für den kleinen Hunger zwischendurch auch gefüllt mit Früchten und Konfitüre.

Vegetarische Gerichte und Beilagen

Vegetarische Bolognese

200 g Lauch, gründlich gewaschen
200 g Karotten, geschält
100 g Stangensellerie
1 kleine Schalotte
3 EL Olivenöl
50 ml Rotwein
100 ml Gemüsebouillon
1 Dose Tomaten (Pelati), grob gewürfelt
1 Bund Petersilie, fein gehackt
1 Bund Basilikum, fein geschnitten
Salz, Pfeffer aus der Mühle

Lauch, Karotten, Sellerie und Schalotte in möglichst kleine Würfelchen schneiden.
Das Olivenöl in einer Kasserolle erhitzen, die Gemüsewürfel dazugeben und darin andünsten, mit dem Rotwein ablöschen, verdampfen lassen, dann mit der Bouillon auffüllen. Die Dosentomaten dazugeben und einmal kurz aufkochen lassen. Bei 120 Grad 1 Stunde intervallgaren.
Je nach Flüssigkeitsmenge und Geschmack eventuell etwas Bouillon nachgeben oder mit Maisstärke (Express) binden. Petersilie und Basilikum dazugeben, mit Salz und Pfeffer abschmecken.

Tipp:
Passt hervorragend zu Teigwaren und zu Fisch.

Hinweis:
Da solche Saucen auf dem Herd zubereitet leicht anbrennen, ziehe ich das Garen und Einkochen mit Intervallgaren im Ofen vor.

Glasnudelsalat

100 g Glasnudeln
4 EL Olivenöl
4 Frühlingszwiebeln, mitsamt Grün in 1 cm breite Streifen geschnitten
1 rote Peperoni (Paprika), halbiert, entkernt, geviertelt, in 1 cm breite Streifen geschnitten
2 Peperoncini, in feine Ringe geschnitten, Kerne entfernt
1 Knoblauchzehe
1 Limette, Saft
1 Spritzer Thai-Fischsauce
Pfeffer aus der Mühle, Salz
einige frische Pfefferminzblätter

Die Glasnudeln unter fliessendem kaltem Wasser abspülen, dann 10 Minuten in kaltem Wasser einweichen. Die Glasnudeln in einer Schüssel mit etwas Wasser bedeckt 20 Minuten dampfgaren. Herausnehmen, abtropfen lassen und leicht ausdrücken, dann in eine Salatschüssel geben.
Das Olivenöl in einer Bratpfanne erhitzen, die vorbereiteten Frühlingszwiebel- und Peperonistreifen darin goldbraun braten, zuletzt die Peperonciniringe beifügen und den Knoblauch dazupressen, kurz mitdünsten, dann vom Herd nehmen. Mit Limettensaft, Fischsauce, Salz und Pfeffer abschmecken und alles über die Glasnudeln geben. Mit den Pfefferminzblättern garnieren.

Glasnudelsalat

Mediterrane Gemüsetorte

Für eine Springform von 24 cm Durchmesser

250 g Kuchenteig, ausgerollt
1 EL Olivenöl
1 Schalotte, fein geschnitten
1 Knoblauchzehe, fein geschnitten
200 g Zucchetti, längs halbiert, in ½ cm dicke Scheiben geschnitten
200 g Peperoni (Paprika), halbiert, entkernt, in 2 cm grosse Würfel geschnitten
100 g Champignons, geputzt, ganz
Salz, Pfeffer aus der Mühle
1 TL Maisstärke (Maizena)
100 ml Milch
3 Eier
150 g Rahmquark
300 g Fondue-Käsemischung, gerieben
geriebene Muskatnuss
3 Tomaten, quer halbiert

Den Boden der Tortenform mit Backpapier belegen. Die Form mit dem Teig auslegen, den Rand etwa 5 cm hochziehen, mit einer Gabel einstechen und kühl stellen.
In einer Bratpfanne das Öl erhitzen, Schalotte und Knoblauch darin glasig dünsten, das Gemüse bis auf die Tomaten dazugeben und goldgelb anbraten, vom Herd nehmen und mit wenig Salz und Pfeffer abschmecken.
Die Maisstärke mit der Milch gut verrühren, die Eier verquirlen, beides mit dem Rahmquark und der Käsemischung zu einem Käseguss verrühren. Den Guss zur Gemüsemischung geben, mit Muskatnuss und Pfeffer abschmecken. Die Tomatenhälften dem Rand entlang gleichmässig auf dem Teigboden verteilen, dann die Käse-Gemüse-Mischung daraufgeben. 40 Minuten bei 170 Grad intervallgaren.
Vor dem Aufschneiden 10 Minuten in der Form stehen lassen, damit der Saft abbinden kann und beim Schneiden nicht gleich ausläuft.

Hinweis:
Durch das Intervallgaren wird diese Gemüsetorte sehr saftig.

Wirsingwickel mit Wodkasauce

500 g Wirz (Wirsing), Strunk entfernt, Blätter abgelöst
50 g Lauch, gründlich gewaschen
50 g Karotten, geschält
50 g Knollensellerie, geschält
50 g Champignons
50 g Zwiebel
2 Knoblauchzehen
1 Peperoncini, entkernt
300 g Tofu
50 g Butter
4 cl Sherry
1 TL Paprika edelsüss
1 TL Madrascurrypulver
1 Messerspitze gemahlener Kardamom
Salz
200 ml Bouillon

Für die Wodkasauce:
1 kleine Schalotte, fein gehackt
20 g Butter
30 ml Weisswein
100 ml Bouillon
180 ml Saucenrahm
20 ml Wodka
Salz, Pfeffer aus der Mühle

Die Wirzblätter in eine Garschale mit Siebeinsatz geben und 10 Minuten dampfgaren, herausnehmen und mit kaltem Wasser abschrecken, gut abtropfen lassen und trockentupfen. Die 8 schönsten der blanchierten Wirzblätter beiseitelegen, die restlichen fein hacken. Sämtliches Gemüse, Champignons, Zwiebel, Knoblauch und Peperoncini in möglichst kleine Würfelchen schneiden (Brunoise). Den Tofu ebenfalls in kleine Würfel schneiden.
In einem weiten Topf die Butter erhitzen, das Gemüse darin kurz andünsten, dann den Tofu und den fein gehackten Wirz dazugeben, mitdünsten und mit dem Sherry ablöschen. Weiterrühren, bis sämtliche Flüssigkeit verdunstet ist. Mit Paprika, Curry, Kardamom und Salz abschmecken, vom Herd nehmen. Die Masse in 8 gleich grosse Häufchen aufteilen, jeweils zu einem Knödel formen und dabei gut ausdrücken.
Jeweils 2 der beiseitegelegten Wirzblätter überlappend in eine Suppenkelle legen. Einen Tofuknödel daraufgeben und in die Wirzblätter einwickeln. Festdrücken und aus der Kelle nehmen.
Die Wirzwickel in eine gebutterte Gratinform geben, mit der Bouillon übergiessen und bei 180 Grad 20 Minuten intervallgaren.

Inzwischen für die Sauce die Schalotte in einem kleinen Pfännchen in der heissen Butter kurz andünsten. Mit dem Weisswein ablöschen, einkochen lassen, dann mit der Bouillon aufgiessen, den Saucenrahm dazugeben und aufkochen. Mit Wodka, Salz und Pfeffer abschmecken. Zu den Wirsingwickeln servieren.

Schlutzkrapfen-Ravioli

125 g Weissmehl
125 g Roggenmehl
20 g Butter, zerlassen
1 Ei
Salz
3–5 EL Wasser

Für klassische Spinatfüllung:
1 kleine Schalotte, fein geschnitten
1 Knoblauchzehe, fein geschnitten
1 EL Butter
200 g frischer, junger Spinat
100 g Ricotta
20 g Parmesan, frisch gerieben
Salz, Pfeffer aus der Mühle,
geriebene Muskatnuss

Für Trüffel-Kartoffel-Füllung:
200 g Kartoffeln, geschält, klein gewürfelt
1 TL Trüffelöl
Salz, Pfeffer aus der Mühle,
geriebene Muskatnuss

30 g Butter
1 Bund Schnittlauch, in breite Röllchen geschnitten
Salz, Pfeffer aus der Mühle

Die beiden Mehlsorten zusammen durchsieben, damit sie sich gut vermischen. Das Mehl mit der zerlassenen Butter, dem Ei und Salz zu einem festen Teig verarbeiten, je nach Konsistenz noch etwas Wasser zugeben. Den Teig 30 Minuten ruhen lassen.
Den Teig so dünn wie möglich ausrollen (am besten mit der Nudelmaschine), dabei immer mit genügend Mehl bestäuben, damit er nicht festklebt. Mit einem runden Ausstecher von etwa 9 cm Durchmesser Rondellen ausstechen.
Eine Füllung nach Wahl zubereiten.
Für eine Spinatfüllung Schalotte und Knoblauch in der heissen Butter andünsten, den Spinat dazugeben, kurz dünsten und vom Herd nehmen. Ricotta und Parmesan darunterrühren, mit Salz, Pfeffer und Muskatnuss abschmecken und erkalten lassen.
Für eine Trüffel-Kartoffel-Füllung die Kartoffelwürfel 30 Minuten dampfgaren, dann pürieren, das Trüffelöl daruntermischen und mit Muskatnuss, Salz und Pfeffer abschmecken.
Die gewählte Füllung mit einem Teelöffel in die Mitte der Teigrondellen geben, den Rand mit wenig Wasser anfeuchten und den Teig halbmondförmig zusammenfalten. Die Ränder gut festdrücken. Die Schlutzkrapfen auf ein gut gebuttertes Lochblech in eine Garschale geben und 20 Minuten dampfgaren.
Inzwischen eine Bratpfanne erhitzen, die Butter schmelzen und den Schnittlauch dazugeben. Die Schlutzkrapfen kurz darin wenden, mit Salz und Pfeffer abschmecken und in vorgewärmten tiefen Tellern servieren.

Hinweis:
Da die Schlutzkrapfen nicht im Wasser schwimmend gegart werden, ist die Gefahr, dass die Füllung ausläuft, viel geringer als beim Garen in Wasser.

Kartoffelgnocchi

600 g mehlig kochende Kartoffeln, geschält, gewürfelt
100 g Weissmehl
30 g Butter, zimmerwarm
2 Eigelb
Salz, Pfeffer aus der Mühle, geriebene Muskatnuss

Zum Anrichten:
50 g Butter
10 Salbeiblätter

Die Kartoffelwürfel 30 Minuten dampfgaren. Anschliessend 5 Minuten mit Heissluft bei etwa 120 Grad trocknen.
Die noch heissen Kartoffeln pürieren. Mit dem Mehl bestäuben, Butter und Eigelbe gut vermischen und dazugeben, mit Salz, Pfeffer und Muskatnuss würzen. Alles zu einem festen Teig verarbeiten und 30 Minuten ruhen lassen.
Aus dem Teig einen Strang formen und diesen in 2 cm breite Stücke schneiden. Die Gnocchi von Hand oval formen und nach Belieben über eine Gabel abrollen, damit das typische Muster entsteht.
Die Gnocchi auf ein gut gebuttertes Lochblech in eine Garschale geben und 12 Minuten dampfgaren.
Eine Bratpfanne erhitzen, die Butter dazugeben und die Gnocchi mit dem Salbei darin goldgelb anbraten. Mit Salz und Pfeffer abschmecken.

Pikanter Gemüsestrudel

100 g Lauch, gründlich gewaschen
100 g Karotten, geschält
100 g Kartoffeln, geschält
50 g Stangensellerie
1 EL Olivenöl
1 Schalotte, fein geschnitten
1 Knoblauchzehe, fein geschnitten
Salz, Madrascurrypulver
1 Ei
180 g Sauerrahm

250 g Strudel- oder Blätterteig, ½ cm dick rechteckig ausgerollt
Eigelb zum Bestreichen

Lauch, Karotten, Sellerie und Kartoffeln in etwa 1 cm dicke Scheiben schneiden. 20 Minuten dampfgaren.
In einer Bratpfanne das Öl erhitzen, Schalotte und Knoblauch darin glasig dünsten, das gedämpfte Gemüse dazugeben und kurz mitdünsten. Mit Salz und Currypulver pikant abschmecken.
Das Ei verquirlen, mit dem Sauerrahm vermischen und unter die Gemüsemischung ziehen.
Den Rand der Teigfläche mit Eigelb bestreichen, die Gemüsemischung an einer der Längsseiten daraufgeben und zu einem Strudel einrollen. Den Strudel mit dem restlichen Eigelb bestreichen und den Teig an den Enden mit einem Gabelrücken gut festdrücken. Den Strudel bei 180 Grad 20 Minuten intervallgaren.

Hinweis:
Der Blätterteig geht durch das Intervallgaren sehr schön und gleichmässig auf.

Pikanter Gemüsestrudel

Tortilla

250 g Kartoffeln, geschält, klein gewürfelt
6 Eier
70 ml Sauerrahm
70 ml Rahm
30 g Parmesan, frisch gerieben
20 g Butter
250 g Erbsen, tiefgekühlt
1 Knoblauchzehe, fein gehackt
1 Bund Petersilie, fein gehackt
Pfeffer aus der Mühle und Salz

Die Kartoffelwürfel 30 Minuten dampfgaren.
Die Eier mit Sauerrahm, Rahm und Parmesan zu einer glatten Masse rühren.
In einer Bratpfanne die Butter erhitzen, die Erbsen mit dem Knoblauch darin kurz dünsten, dann die Kartoffelwürfel und die Petersilie dazugeben. Die Eimasse darüber verteilen, vom Herd nehmen und 10 Minuten bei 120 Grad intervallgaren. Die Tortilla herausnehmen, 5 Minuten stehen lassen, dann stürzen und in Stücke schneiden.

Tipp:
Die Tortilla kann sowohl warm wie auch kalt serviert werden.

Edelsüsses Sauerkraut

500 g Sauerkraut, gekocht
9 Wacholderbeeren
9 Senfkörner
4 Pfefferkörner
1 Lorbeerblatt
1 Kartoffel, geschält
1 Apfel, geschält, entkernt
200 ml Apfelwein (Cidre)
100 ml Bouillon
Salz, Pfeffer aus der Mühle

Wacholderbeeren, Senfkörner, Pfefferkörner und Lorbeerblatt im Mörser grob zerstossen. In ein kleines Stück feines Tuch zu einem Gewürzsäckchen binden und zum Sauerkraut geben. Kartoffel und Apfel durch die Bircherraffel direkt zum Sauerkraut reiben, mit Apfelwein und Bouillon auffüllen. Alles gut vermischen und 30 Minuten dampfgaren. Mit Salz und Pfeffer abschmecken.

Tortilla

Überbackener Sauerkraut-Kartoffel-Auflauf

20 g Butter
1 kleine Zwiebel, fein geschnitten
1 Knoblauchzehe, fein geschnitten
500 g Sauerkraut, roh
1 Kartoffel, geschält
1 Apfel, geschält, entkernt
100 ml Apfelsaft (Most)
2 Lorbeerblätter
4 Nelken
1 TL Kümmel, zerstossen
Salz, Pfeffer aus der Mühle

1 kg Kartoffeln, geschält
100 g Gruyèrekäse, frisch gerieben
4 kleine Tomme-Käse (oder anderer Weichkäse), quer halbiert

In einer feuerfesten Form die Butter schmelzen, Zwiebel und Knoblauch darin glasig dünsten. Das Sauerkraut dazugeben, Kartoffel und Apfel durch die Bircherraffel direkt zum Sauerkraut reiben. Mit dem Apfelsaft auffüllen, Lorbeerblätter, Nelken und den zerstossenen Kümmel dazugeben, alles gut vermischen.
Die ganzen Kartoffeln in eine Garschale geben. Kartoffeln und Sauerkraut zusammen in den Ofen schieben und 30 Minuten dampfgaren.
Die Kartoffeln halbieren und ziemlich eng in eine feuerfeste Gratinform einschichten, das Sauerkraut locker darüber verteilen, mit dem Gruyère bestreuen, die Tommescheiben darauf verteilen. Im Backofen bei 200 Grad mit der Funktion Turbogrill 10 Minuten überbacken.

Indischer Curryeintopf mit Kartoffeln und Tofu

2 EL Olivenöl
1 Zwiebel, fein geschnitten
2 Knoblauchzehen, fein geschnitten
300 g Peperoni (Paprika), halbiert, entkernt, in feine Streifen geschnitten
500 g Kartoffeln, geschält, geviertelt, in Scheiben geschnitten
1 Apfel, geviertelt, entkernt, in Scheiben geschnitten
20 g Madrascurrypulver
300 g Tofu, geviertelt, in Scheiben geschnitten
100 ml Bouillon
Salz, Pfeffer aus der Mühle
170 g Sauerrahm

Eine möglichst weite, tiefe Kasserolle oder den Wok erhitzen, das Olivenöl dazugeben, Zwiebel, Knoblauch und Peperonistreifen darin kurz andünsten. Die Apfel- und die Kartoffelscheiben dazugeben und kurz mitdünsten. Mit dem Currypulver bestäuben und noch kurz weiterdünsten. Mit der Bouillon auffüllen, die Tofuwürfel dazugeben und 30 Minuten dampfgaren, abschmecken. Zum Servieren oder bei Tisch mit dem Sauerrahm garnieren.

Indischer Curryeintopf mit Kartoffeln und Tofu

Taboulé Wrap

Für die Füllung:
150 g Couscous
150 ml Wasser
1 EL Olivenöl zum Dünsten
100 g Zucchetti, längs vierteln, in Scheiben geschnitten
100 g Peperoni (Paprika), in Rauten geschnitten
2 Frühlingszwiebeln, samt Grün in Scheiben geschnitten
Salz, Pfeffer aus der Mühle
1 Limette, Saft
4 EL Olivenöl
200 g Fetakäse, in kleine Würfel geschnitten

4 Weizen-Wraps oder Tortilla-Teigfladen
4 junge Lattichblätter
180 ml Sauerrahm
4 Messerspitzen Sambal Oelek

Den Couscous mit dem kalten Wasser in eine Garschale geben und 15 Minuten dampfgaren.
Das Olivenöl in einer Bratpfanne erhitzen, Zucchetti, Peperoni und Frühlingszwiebeln darin goldbraun dünsten, mit Salz und Pfeffer abschmecken.
Den Couscous herausnehmen und mit einer Gabel lockern; er muss schön luftig und körnig sein. Das Gemüse daruntermischen, mit Limettensaft und Olivenöl abschmecken. Die Fetawürfel beifügen.
Je ein Wrap-Teigblatt mit einem Lattichblatt belegen, die Couscousmischung darauf verteilen und einrollen, eventuell mit einem Zahnstocher fixieren. Die Wraps anrichten, in der Mitte jeweils etwas Sauerrahm daraufgeben und auf diesen je eine Messerspitze Sambal geben.

Hinweis:
Der Couscous wird beim Dampfgaren viel luftiger, als in Wasser gekocht.

Fischgerichte

Die kulinarische Qualität von Fischgerichten hängt ganz entscheidend vom Garprozess ab. Durch die gleichmässige und schonende Hitze beim Dampfgaren verändert sich die Struktur des Fischfleisches nur wenig, der Fisch ist bei 80 Grad im Dampf optimal gegart, bleibt zart und schmackhaft. Fisch sollte man vor dem Zubereiten immer kurz unter fliessendem kaltem Wasser abwaschen und danach mit Küchenpapier trockentupfen.

Mediterrane Fischsuppe

200 g Knurrhahn- oder Dorschfilet
100 g Seeteufelfilet
300 g Miesmuscheln, gründlich geputzt
8 Scampischwänze

4 EL Olivenöl
150 g Lauch, gründlich gewaschen, in 1 cm beite Streifen geschnitten
2 Knoblauchzehen, fein geschnitten
1 Peperoncini, entkernt, fein geschnitten
50 g Stangensellerie, fein gewürfelt
1 TL Madrascurrypulver
200 ml Weisswein
1 l Bouillon
250 g Cherrytomaten, halbiert
Salz, Pfeffer aus der Mühle
1 Bund Petersilie, fein geschnitten
200 ml Sauerrahm

Die Fischfilets waschen, trockentupfen und in etwa 30 g schwere Stücke schneiden.
Das Olivenöl in einer weiten Kasserolle erhitzen, den Lauch kurz darin andünsten, Knoblauch und Peperoncini dazugeben, mit dem Currypulver bestreuen und kurz mitdünsten. Fisch, Muscheln und Scampischwänze dazugeben, alles kurz dünsten, dann mit dem Weisswein ablöschen und mit der Bouillon auffüllen. Die halbierten Cherrytomaten dazugeben.
20 Minuten dampfgaren.
Die Fischsuppe mit Salz und Pfeffer abschmecken und mit der Petersilie bestreuen. In vorgewärmten tiefen Tellern anrichten und den Sauerrahm separat dazu reichen.

Tipps:
In Frankreich wird dazu Knoblauchbrot serviert.
Für eine Hauptmahlzeit zuerst die entsprechende Menge Reis separat 15 Minuten dampfgaren und anschliessend zusammen mit der Fischsuppe noch weitere 20 Minuten mitgaren.

Seeländer Fischsalat

350 g Felchenfilets
350 g Forellenfilets

Für die Salatsauce:
4 EL Rapsöl
1 Schalotte, fein geschnitten
2 EL Kapern, gespült, abgetropft, grob gehackt
1 Bund Petersilie, fein geschnitten
1 TL Senf
1 EL Kräuteressig
Salz, Pfeffer aus der Mühle

4 Eisbergsalatblätter

Die Fischfilets waschen, trockentupfen und in 3 cm breite Streifen schneiden. Auf einen gebutterten Siebeinsatz in eine Garschale legen und 15 Minuten bei 80 Grad dampfgaren.
Für die Sauce das Rapsöl in einer kleinen Pfanne erwärmen, die Schalotte darin glasig dünsten, Kapern, Petersilie und Senf dazugeben und vom Herd nehmen. Den Essig darunterrühren, mit Salz und Pfeffer abschmecken und gut rühren, bis die Sauce emulgiert.
Die Eisbergsalatblätter auf Teller verteilen. Die Fischstreifen darauf anrichten und mit der Sauce übergiessen, sofort lauwarm servieren.

Felchen auf Kräutervinaigrette

800 g ganze Felchen, ausgenommen

Für die Kräutervinaigrette:
1 Bund Kerbel
1 Bund Kresse
1 Bund Estragon
1 Bund Petersilie
1 kleine Schalotte, fein gehackt
7 EL Olivenöl
3 EL weisser Balsamicoessig
Salz, Pfeffer aus der Mühle

Die Felchen unter fliessendem kaltem Wasser gut abspülen, mit einem Gazeband umwickeln und 15 Minuten dampfgaren.
Für die Vinaigrette sämtliche Kräuter fein hacken, mit der Schalotte, Olivenöl und Balsamico gründlich verrühren.
Die Felchen 5 Minuten abkühlen lassen, die Gaze und die Haut entfernen. Die Felchen auf Tellern anrichten und mit der Vinaigrette garnieren, lauwarm servieren.

Tipps:

Die Gaze hält den ganzen Fisch schön in Form und hilft beim Enthäuten.
Die beim Dampfgaren vorgegebene Temperatur garantiert, dass der Fisch im Biss nicht zu fest oder gar trocken wird.

Seeländer Fischsalat

Gratinierte Jakobsmuscheln

Für 4 Jakobsmuschelschalen

4 möglichst grosse oder 8 kleinere Jakobsmuscheln
75 g Mayonnaise
1 Eigelb
1 TL Madrascurrypulver
100 ml Schlagrahm
Salz, Pfeffer aus der Mühle

Als Beilage für ein Hauptgericht:
1 EL Olivenöl
1 Schalotte, möglichst fein geschnitten
1 Knoblauchzehe, fein geschnitten
250 g Camarguereis
100 ml Weisswein
½ l Wasser

Die Jakobsmuscheln unter fliessendem kaltem Wasser abspülen, mit Küchenpapier trockentupfen, mit Salz und Pfeffer leicht würzen und auf einen gebutterten Siebeinsatz in eine Garschale legen. 8 Minuten dampfgaren.
Eigelb und Currypulver unter die Mayonnaise rühren, den Schlagrahm steif schlagen und vorsichtig unter die Mayonnaise heben.
Die gedämpften Jakobsmuscheln in den Muschelschalen anrichten und die Gratinmasse darüber verteilen. Unter dem Backofengrill etwa 2 Minuten goldbraun überbacken und sofort servieren. (Vorsicht: Nicht zu lange überbacken; wenn die Ei-Schlagrahm-Mischung zu heiss wird, gerinnt sie.)

Werden die Muscheln mit Reis als Hauptgericht serviert, zuerst den Reis zubereiten: Das Olivenöl erhitzen, Schalotte und Knoblauch darin glasig dünsten. Den Reis dazugeben, mit dem Wein ablöschen, etwas verdampfen lassen, dann mit dem Wasser auffüllen und 40 Minuten dampfgaren.
Dann die Jakobsmuscheln die letzten 8 Minuten zusammen mit dem Reis dampfgaren und wie oben beschrieben fertigstellen.

Tipp:
Bei diesem Gericht warten die Gäste auf das Essen und nicht umgekehrt!

Seezungenröllchen mit Dillsauce

500 g Seezungenfilets
2 Tomaten, Stielansatz entfernt, übers Kreuz eingeschnitten
100 g Blattspinat
Salz, Pfeffer aus der Mühle

Für die Dillsauce:
1 kleine Schalotte, fein gehackt
50 g Butter
50 ml Weisswein
100 ml Schlagrahm
1 TL Maisstärke (Maizena), mit 1 EL Weisswein angerührt
1 Bund Dill, gezupft oder grob gehackt

Die Seezungenfilets zwischen Klarsichtfolie vorsichtig gleichmässig dick klopfen.
Die Tomaten zusammen mit dem Blattspinat auf einem Siebeinsatz in einer Garschale etwa 5 Minuten dampfgaren, unter kaltem Wasser abschrecken. Den Spinat beiseitelegen. Die Tomaten, schälen, halbieren, entkernen und das Fruchtfleisch in Streifen schneiden; diese ebenfalls ganz vorsichtig flachklopfen.
Die Seezungenfilets mit der Hautseite nach oben auslegen, mit Salz und Pfeffer würzen, mit dem Blattspinat und den Tomatenschnitzen belegen. Nun die Filets von der Spitze her aufrollen und die Röllchen fest in Klarsichtfolie einwickeln. Die eingepackten Röllchen auf den Siebeinsatz in eine Garschale legen und 20 Minuten bei 80 Grad dampfgaren.
Für die Sauce die Schalotte in 1 Esslöffel heisser Butter andünsten. Mit dem Weisswein ablöschen, einkochen, mit dem Rahm auffüllen und einmal kurz aufkochen. Die angerührte Maisstärke nach und nach zur Sauce geben und abbinden lassen, bis die Sauce die gewünschte Konsistenz hat; noch einmal aufkochen. Nun die restliche Butter in Flocken nach und nach unter die Sauce schlagen, so dass eine leicht sämige Sauce entsteht (die Sauce darf dabei nicht mehr kochen). Den Dill dazugeben, mit Salz und Pfeffer abschmecken.
Die Fischröllchen auspacken und quer aufschneiden, auf vorgewärmten Tellern anrichten und mit der Dillsauce umgiessen.

Tipp:
Anstelle der Dillsauce kann man die Fischröllchen auch wie auf dem Bild mit einer Currysauce (siehe Seite 64, Varianten) servieren.

Rotzungen-Lachs-Röllchen mit Schnittlauchsauce

400 g Rotzungenfilets
Salz, Pfeffer aus der Mühle
120 g geräuchter Lachs

Für die Schnittlauchsauce:
1 kleine Schalotte, fein gehackt
30 g Butter
50 ml Weisswein
180 ml Saucenrahm
1 Bund Schnittlauch, fein geschnitten

Die Rotzungenfilets zwischen Klarsichtfolie vorsichtig gleichmässig dick klopfen. Die Fischfilets mit der Hautseite nach oben auslegen, mit Salz und Pfeffer würzen und mit dem Lachs belegen. Die Fischfilets von der Spitze her aufrollen und die Fischröllchen fest in Klarsichtfolie einwickeln. Die eingepackten Röllchen auf den Siebeinsatz in eine Garschale legen und 20 Minuten bei 80 Grad dampfgaren.
Für die Sauce die Schalotte in 1 Esslöffel heisser Butter andünsten. Mit dem Weisswein ablöschen, einkochen, mit dem Saucenrahm auffüllen und einmal kurz aufkochen. Nun die restliche Butter in Flocken nach und nach unter die Sauce schlagen, so dass eine leicht sämige Sauce entsteht (die Sauce darf dabei nicht mehr kochen). Den Schnittlauch beifügen, mit Salz und Pfeffer abschmecken.
Die Fischröllchen auspacken und quer aufschneiden, auf vorgewärmten Tellern anrichten und mit der Schnittlauchsauce umgiessen.

Hinweis:
Durch das Pochieren in der Folie bleiben die Röllchen optimal in Form.

Kräuter-Lachsschnitte mit Salzkartoffeln

600 g Frühkartoffeln, gewaschen, ungeschält
700 g Lachs am Stück, ohne Haut
1 Bund Petersilie
1 Bund Kerbel
1 Bund Estragon
1 Bund Basilikum
1 Bund Thymian
20 g Butter
Salz, Pfeffer aus der Mühle, Zitronensaft

Die Kartoffeln auf einen Siebeinsatz in eine Garschale legen und 30 Minuten dampfgaren, salzen.
In der Zwischenzeit die Lachstranche der Länge nach quer halbieren.
Sämtliche Kräuter fein hacken und in der heissen Butter kurz anbraten.
Die eine Lachstranche mit den Kräutern belegen, die zweite Tranche darauflegen. Mit Salz, Pfeffer und einem Spritzer Zitronensaft würzen und in Frischhaltefolie einwickeln. Die gefüllte Lachsschnitte zusammen mit den vorgegarten Kartoffeln 20 Minuten bei 80 Grad dampfgaren.
Herausnehmen, die Folie vorsichtig entfernen, den Lachs in 4 Stücke schneiden und mit den Kartoffeln auf vorgewärmten Tellern anrichten.

Tipp:
Dazu passt wunderbar ein Salat oder ganz klassisch eine Sauce Hollandaise (siehe Seite 65).

Mit Kräutern gefüllte Lachsschnitte mit Salzkartoffeln

Fischrahmsauce

Grundrezept

Fisch wird wie in den Rezepten beschrieben immer auf einem gebutterten Siebeinsatz gegart. Den aromatischen Fond, der sich während des Garprozesses in der Schale darunter ansammelt, kann man am Schluss zur Sauce geben.

20 g Butter
1 Schalotte, fein geschnitten
100 ml Weisswein
1 TL Maisstärke (Maizena),
mit 3 EL Weisswein glattgerührt
200 ml Rahm
Zitronensaft, Salz, Pfeffer aus der Mühle

Die Butter in einem Pfännchen schmelzen, die Schalotte darin glasig dünsten. Mit dem Weisswein ablöschen, bei mittlerer Hitze zur Hälfte einkochen. Den Fond vom Fischgaren dazugeben und aufkochen. Die angerührte Maisstärke nach und nach in die Sauce einrühren und binden lassen, bis die gewünschte Konsistenz erreicht ist. Aufkochen, mit dem Rahm auffüllen und noch einmal kurz aufkochen lassen, dann vom Herd nehmen und mit einem Spritzer Zitronensaft, Salz und Pfeffer abschmecken.
Die Sauce nach Belieben noch durch ein Sieb streichen, um allfällige Mehlklümpchen oder Zitronenkerne zu entfernen.

Varianten:
- Am Schluss fein geschnittenen Schnittlauch oder gehackten Estragon unter die Sauce ziehen.
- Beim Andünsten der Schalotten Currypulver dazugeben und mitdünsten.
- Zuletzt in wenig Weisswein aufgelöstes Safranpulver dazugeben. Danach die Sauce nicht mehr kochen lassen.
- Die Sauce mit einem Schuss Pernod abschmecken.
- Die Sauce am Schluss mit Hummerbutter abschmecken und klein geschnittenes Krebsfleisch als Einlage dazugeben.

Sauce Hollandaise

150 g Butter
1 Schalotte, klein gehackt
5 Pfefferkörner, im Mörser zerstossen
100 ml Weisswein
1 TL Weissweinessig
1 TL Wasser
3 Eigelb
Zitronensaft, Salz

Die Butter in einer Kasserolle auf der tiefsten Stufe schmelzen lassen, bis das Eiweiss ausflockt und mit einem Esslöffel vorsichtig von der Oberfläche entfernt werden kann. Die Butter auf etwas mehr als Handwärme abkühlen lassen.
In einer kleinen Kasserolle Schalotte, Pfefferkörner, Weisswein und Weissweinessig zur Hälfte einkochen lassen, dann durch ein Sieb in eine Metallschüssel giessen. Das Wasser und die Eigelbe darunterrühren. Die Schüssel über ein Wasserbad setzen und dieses auf etwa 80 Grad erwärmen, dabei die Masse fortlaufend rühren, bis eine cremig-dicke Sauce entstanden ist. Das Butterfett in einem dünnen Faden nach und nach unter kräftigem Rühren unter die Eigelbmasse rühren, bis eine schön luftige Hollandaise entstanden ist. Mit Zitronensaft und Salz abschmecken. Sofort servieren.

Asiatische Fischterrine mit Wirz

Für 4 Förmchen von 200 ml Inhalt

250 g Wirz (Wirsing), Strunk entfernt
200 g Steinbutt, in feine Streifen geschnitten
50 ml Kokosmilch
50 ml Schlagrahm
1 Ei
1 Eigelb
10 g grüne Currypaste
1 Spritzer Fischsauce

Vom Wirz die vier grössten schönen Blätter ablösen, den Rest in Streifen schneiden. Beides 10 Minuten dampfgaren, dann mit kaltem Wasser abschrecken und gut abtropfen lassen.
Die Förmchen mit Frischhaltefolie auskleiden und mit je einem Wirzblatt auslegen. Die Wirzstreifen gleichmässig in die vier Formen verteilen.
Den Steinbutt mit Kokosmilch, Rahm, Ei und Eigelb, Currypaste und Fischsauce zu einer homogenen Masse verarbeiten. Die Fischmasse in die vier Formen verteilen. Mit Folie fest verschliessen und 30 Minuten bei 80 Grad dampfgaren. Aus den Formen stürzen und anrichten.

Lachsrosette mit Spargel und Schnittlauchsauce

400 g Lachs
500 g grüner Spargel, holzige Enden entfernt

Für die Schnittlauchsauce:
1 kleine Schalotte, fein gehackt
50 ml Weisswein
100 ml Schlagrahm
100 ml Saucenrahm
40 g Butter
Salz, Pfeffer aus der Mühle
1 Bund Schnittlauch, in 1 cm breite Röllchen geschnitten

Den Spargel auf einen Siebeinsatz in eine Garschale legen und 10 Minuten dampfgaren, herausnehmen und kalt abschrecken.
Den Lachs in etwa ½ cm dicke Streifen schneiden und diese zu Rosetten formen. Die Lachsrosetten auf einen gebutterten Siebeinsatz in eine Garschale legen und zusammen mit dem vorgegarten Spargel 20 Minuten bei 85 Grad dampfgaren.
Die Schalotte in 1 Esslöffel Butter andünsten. Mit dem Weisswein ablöschen, einkochen, mit Rahm und Saucenrahm auffüllen und noch einmal kurz aufkochen. Nun die Butter in Flocken nach und nach darunterschlagen, so dass eine leicht sämige Sauce entsteht (die Sauce darf dabei nicht mehr kochen). Mit Salz und Pfeffer abschmecken und den Schnittlauch beifügen. Den Spargel auf vorgewärmten Tellern anrichten, in die Mitte etwas Sauce giessen und die Lachsrosette darauf anrichten.

Tipp:
Dazu kann man Trockenreis servieren. Diesen 20 Minuten dampfvorgaren und dann zusammen mit den Lachsrosetten fertig garen.

Steinbutt mit Safransauce

500 g Steinbutt

Für die Safransauce:
1 kleine Schalotte, fein gehackt
50 g Butter
50 ml Weisswein
100 ml Schlagrahm
1 TL Maisstärke (Maizena), mit 2 EL Wasser verrührt
1 Briefchen Safran, mit 1 EL Weisswein verrührt
Salz, Pfeffer aus der Mühle

Den Steinbutt auf einem gebutterten Siebeinsatz in eine Garschale legen und 20 Minuten bei 80 Grad dampfgaren.
Die Schalotte in 1 Esslöffel Butter andünsten. Mit dem Weisswein ablöschen, einkochen, mit dem Schlagrahm auffüllen und noch einmal kurz aufkochen. Die Maisstärke nach und nach dazugeben und abbinden lassen, bis die Sauce die gewünschte Konsistenz hat. Nun die Butter in Flocken nach und nach darunterschlagen, so dass eine leicht sämige Sauce entsteht (die Sauce darf dabei nicht mehr kochen). Den aufgelösten Safran und die Pochierflüssigkeit vom Steinbutt zur Sauce geben. Mit Salz und Pfeffer abschmecken.

Tipp:
Die Pochierflüssigkeit des Fischs ergibt nebenbei eine perfekte Saucenbasis.

Rotbarbe auf provenzalische Art

800 g ganze Rotbarben, ausgenommen, geschuppt
1 Spritzer Zitronensaft
Salz, Pfeffer aus der Mühle

5 Fleischtomaten, Stielansatz entfernt, übers Kreuz eingeschnitten
2 EL Olivenöl
2 Knoblauchzehen
1 Bund Basilikum, grob zerzupft

Die Rotbarben unter fliessendem kaltem Wasser gut abspülen und mit Küchenpapier trockentupfen, mit Zitronensaft, Salz und Pfeffer marinieren.
Die Tomaten auf einem Siebeinsatz in einer Garschale etwa 5 Minuten dampfgaren, unter kaltem Wasser abschrecken, schälen und in Würfel schneiden.
Das Olivenöl in einer Bratpfanne erhitzen, den Knoblauch dazupressen und kurz andünsten, dann die Tomatenwürfel dazugeben und leicht einkochen. Die Basilikumblätter beigeben, die Rotbarben darauflegen und alles 20 Minuten bei 80 Grad dampfgaren.
Mit Salz und Pfeffer abschmecken.

Tipp:
Vielleicht geniessen Sie dazu einen Rosé aus der Provence ...

Rotbarbe auf provenzalische Art

Elsässer Zanderfilet

Für das Sauerkraut:
500 g Sauerkraut
9 Wachholderbeeren
9 Senfkörner
4 Pfefferkörner
1 Lorbeerblatt
1 Kartoffel, geschält
1 Apfel, geschält, entkernt
200 ml Apfelwein (Cidre)
100 ml Bouillon
Salz, Pfeffer aus der Mühle

800 g Kartoffeln, geschält, längs halbiert
600 g Zanderfilet
1 Limette oder Zitrone, in 8 Schnitze geschnitten, 4 davon als Garnitur

Das Sauerkraut, wie auf Seite 47 beschrieben, zubereiten.
Die Kartoffeln auf den Gittereinsatz in eine Garschale geben und zusammen mit dem Sauerkraut 20 Minuten dampfgaren.
Inzwischen den Zander mit dem Saft von 4 Limetten- oder Zitronenschnitzen beträufeln, mit Salz und Pfeffer würzen und marinieren.
Die gegarten Kartoffeln in einer Gratinform anrichten, mit dem Sauerkraut bedecken, die Zanderfilets darauflegen und alles zusammen nochmals 20 Minuten dampfgaren. Mit den restlichen Limetten- oder Zitronenschnitzen garnieren.

Hinweis:
Die für uns eher exotisch anmutende Kombination von Fisch und Sauerkraut hat im Elsass Tradition und wird in verschiedensten Variationen angeboten.

Fleischgerichte

Der Umgang mit Fleisch ist die Königsdisziplin in der Küche und daher auch meist «Chefsache». Da Fleisch zu den teuersten Lebensmitteln zählt, lohnt sich ein sorgfältiger, respektvoller Umgang damit doppelt.

Hier die wichtigsten Tipps, die es bei der Fleischzubereitung zu beachten gilt:

- **Einkauf:** Sagen Sie Ihrem Metzger, wofür Sie das Fleisch verwenden wollen. Vielleicht kann er Ihnen noch eine bessere Alternative vorschlagen.
- **Lagern:** Fleisch sollte immer kühl gelagert werden und nach dem Kauf daher auch möglichst schnell in den Kühlschrank gelangen.
- **Fleisch auftauen:** Tiefgekühltes Fleisch wird am schonendsten und mit dem geringsten Qualitätsverlust im Kühlschrank aufgetaut. Das dauert je nach Grösse des Stücks bis zu 2 Tage. Dabei regelmässig kontrollieren, ob das Fleisch nicht im eigenen Saft liegt. In diesem Fall herausnehmen und in ein frisches Geschirr geben; wenn nötig auf ein Gitter legen.
- **Vor der Zubereitung:** Das Fleisch immer kurz unter fliessendem, kaltem Wasser waschen und dann mit Küchenpapier trockentupfen. Fleisch mindestens 5 Stunden vor der Zubereitung aus dem Kühlschrank nehmen und zugedeckt, je nach Rezept eventuell bereits mariniert, an einem sonnengeschützten Ort Zimmertemperatur annehmen lassen.
- **Saucenfleisch:** Fleischstücke, die in Sauce zubereitet werden und von sehr guter «A la minute»-Qualität sind, wie Filetgulasch, Geflügelfleisch oder Geschnetzeltes erster Qualität, sollten nie in der Sauce kochen. Anders das traditionelle Gulasch oder Siedfleisch (Suppenfleisch), das natürlich den Siedepunkt erreichen muss und auch eine entsprechend lange Garzeit hat.
  Mit der Dampfgarfunktion lassen sich Saucengerichte schonend und perfekt zubereiten, ohne dass man ständig rühren muss, damit es nicht anbrennt. Die Sauce am Schluss immer auf ihre Konsistenz überprüfen und entsprechend korrigieren. Falls sie zu dick ist, Bouillon, Fond, Wein oder Wasser dazugeben und dann nochmals abschmecken. Falls sie zu dünn ist, mit in wenig Flüssigkeit aufgelöster Maisstärke (Maizena) binden und noch einmal kurz aufkochen oder einfach mit eingedicktem Saucenrahm binden.

Paella-Pfanne

2 EL Olivenöl
1 Zwiebel, grob geschnitten
3 Knoblauchzehen, grob geschnitten
200 g Reis
200 ml Weisswein
400 ml Bouillon
150 g tiefgekühlte Erbsen

2 EL Olivenöl
200 g Pouletbrust, in Streifen geschnitten
200 g Schweinssteak, in Streifen geschnitten
150 g scharfe Wurst (Chorizo), in Scheiben geschnitten
4 Riesencrevetten, geschält, gewaschen und trockengetupft
1 Briefchen Safran
200 g Cherrytomaten
12 Miesmuscheln, gründlich gesäubert
Salz, Pfeffer aus der Mühle

In einer Kasserolle Zwiebel und Knoblauch im Olivenöl glasig dünsten. Den Reis dazugeben, kurz mitdünsten, mit 150 ml Weisswein ablöschen, mit der Bouillon auffüllen, die tiefgekühlten Erbsen dazugeben und alles zusammen 20 Minuten dampfgaren.
Eine grosse Bratpfanne erhitzen, das Olivenöl dazugeben, zuerst Fleisch und Wurst darin kurz anbraten, herausnehmen und auf einen Teller geben. Dann die Crevetten kurz anbraten, herausnehmen und zum Fleisch geben. Den Bratfond in der Pfanne mit dem restlichen Weisswein (50 ml) ablöschen und den Safran darin auflösen. Den aufgelösten Fond mit den Cherrytomaten, den Miesmuscheln, dem angebratenen Fleisch und den Crevetten zum Reis geben und nochmals weitere 15 Minuten dampfgaren. Mit Pfeffer und Salz abschmecken.

«Güggeli» im Heu

1 Poulet, gewaschen, trockengetupft
Salz, Pfeffer aus der Mühle
1 Rosmarinzweig
200 g Bio-Bergheu (über Metzgereien mit Biofleisch erhältlich)
1 Bund Kräuter nach Belieben

Das Poulet mit Salz und Pfeffer würzen und den Rosmarinzweig in die Bauchhöhle schieben.
Zwei Bogen Backpapier in Blechgrösse, eventuell mit Heftklammern zusammengeheftet, auf ein Backblech geben, mit dem Bergheu und den Kräutern belegen. Das Poulet daraufsetzen, das Backpapier an den 4 Ecken fassen und in der Mitte zusammenheften. 50 Minuten bei 180 Grad intervallgaren. Das ganze Poulet mit dem Heu servieren und erst bei Tisch tranchieren.

«Güggeli» im Heu

Geflügelfrikassee

1 Zwiebel, fein geschnitten
20 g Butter
500 g Pouletbrust, grob gewürfelt (Würfel von ca. 30 g)
250 g Champignons, gesäubert, geviertelt
100 ml Weisswein
300 ml Bouillon
180 ml Saucenrahm
Salz, Pfeffer aus der Mühle, geriebene Muskatnuss
1 TL Maisstärke (Maizena), mit 50 ml Weisswein angerührt
1 Bund Petersilie, grob gezupft

Die Zwiebel 10 Minuten dampfgaren.
In einer Pfanne auf dem Herd die Butter bei mittlerer Temperatur schmelzen, die blanchierte Zwiebel, die Pouletwürfel und die Champignons dazugeben und ganz kurz andünsten, ohne Farbe annehmen zu lassen.
Die Pouletwürfel herausnehmen und beiseitestellen.
Die Hitze auf höchste Stufe stellen und den Bratensatz mit dem Weisswein auflösen, kurz einkochen, dann mit der Bouillon auffüllen, aufkochen und den Saucenrahm beifügen. Noch einmal kurz aufkochen, vom Herd nehmen, die Pouletwürfel wieder dazugeben und bei 110 Grad 30 Minuten intervallgaren.
Zuletzt mit Salz, Pfeffer und Muskatnuss abschmecken und wenn nötig die Sauce noch mit der angerührten Maisstärke binden. Mit Petersilie garnieren.

Tipp:
Das Frikassee kann man sehr gut auch mit Kalbfleisch (Schulter, Brust oder Hals) oder mit Kaninchenfleisch zubereiten.

Truthahngeschnetzeltes

1 Schalotte, fein geschnitten
20 g Butter
1 Knoblauchzehe
500 g Truthahnbrust, grob gewürfelt (Würfel von ca. 30 g)
½ TL Currypulver
50 ml Weisswein
200 ml Bouillon
180 ml Saucenrahm
Salz, Pfeffer aus der Mühle, Muskatnuss
20 ml Cognac
1 TL Maisstärke (Maizena), mit 2 TL Weisswein angerührt
180 g Sauerrahm

Die Schalotte 10 Minuten dampfgaren.
In einer Pfanne auf dem Herd die Butter bei mittlerer Temperatur schmelzen, die blanchierte Schalotte, den Knoblauch und die Trutenbrustwürfel dazugeben und ganz kurz andünsten, ohne Farbe annehmen zu lassen.
Die Trutenbrustwürfel herausnehmen und beiseitestellen.
Die Hitze auf höchste Stufe stellen, den Bratensatz mit dem Currypulver bestäuben und sofort mit dem Weisswein ablöschen, kurz einkochen, dann mit der Bouillon auffüllen, aufkochen und den Saucenrahm beifügen.
Noch einmal kurz aufkochen, vom Herd nehmen, die Trutenwürfel wieder dazugeben und bei 110 Grad 30 Minuten intervallgaren.
Zuletzt mit Salz, Pfeffer und Muskatnuss abschmecken, mit dem Cognac nach Belieben parfümieren. Die Sauce wenn nötig mit der angerührten Maisstärke binden.
Mit Sauerrahm garnieren.

Thaicurry

2 EL Sonnenblumenöl
1 Zwiebel, halbiert, in Streifen geschnitten
1 Knoblauchzehe, halbiert, in Streifen geschnitten
2 Peperoncini, geviertelt, entkernt, in feinste Streifen geschnitten
1 Bund Thai-Koriander, Wurzel und Stengel fein geschnitten, Blätter gezupft
300 g Pouletbrust, in Streifen geschnitten
1 EL grüne Thaicurrypaste
½ l Kokosnussmilch
1 Dose (400 g) Reisstrohpilze, unter fliessendem Wasser abgespült, abgetropft
250 g Thai-Auberginen, halbiert
250 g Mini-Maiskolben
40 g Galgant oder frischer Ingwer, geschält, in feine Scheiben geschnitten
3 Stengel Zitronengras, gequetscht

250 g Basmatireis, unter fliessendem Wasser gespült
½ l Wasser

2 Limetten, Saft
1 TL Fischsauce
Salz, Pfeffer aus der Mühle, Rohrzucker

Eine weite Kasserolle auf dem Herd erhitzen, das Sonnenblumenöl dazugeben und Zwiebel, Knoblauch, Peperoncini, Korianderwurzel und Pouletbrust ganz kurz darin anbraten. Mit Kokosmilch auffüllen, Pilze, Auberginen, Maikölbchen, Galgant und die zu einem Knoten zusammengebundenen Zitronengrasstengel dazugeben, einmal bis kurz vor den Siedepunkt erhitzen und zudecken.
Den Reis mit dem Wasser in eine Garschale geben. Reis und Curry zusammen 30 Minuten dampfgaren. Das Curry mit Limettensaft, Fischsauce, Salz, Pfeffer und Zucker abschmecken. Mit den Korianderblättern garnieren und zusammen mit dem Reis servieren.

Tipp:
Als Getränk passt zu scharfen Thaigerichten am besten ein Bier oder ein gut gekühlter kräftiger Rosé aus Südfrankreich.

Ungarisches Gulasch

5 EL Olivenöl
200 g Zwiebeln, halbiert, in feine Streifen geschnitten
500 g Rindsragout (Stotzen oder Schulter)
2 Knoblauchzehen, fein geschnitten
Salz
1 EL Paprikapulver
300 g Dosentomaten (Pelati)
200 g Peperoni (Paprika), geviertelt, entkernt, in ½ cm breite Streifen geschnitten
100 ml Rotwein
100 ml Bouillon
400 g Kartoffeln, geschält, grob gewürfelt
½ TL Kümmelsamen, fein gemörsert
400 ml Bouillon
180 ml Sauerrahm

Das Olivenöl in einem Bräter auf dem Herd erhitzen, die Zwiebeln darin glasig dünsten, das Fleisch und den Knoblauch dazugeben, mit Salz und Paprika würzen und weiter dünsten, bis die Flüssigkeit fast eingekocht ist. Tomaten und Peperoni dazugeben, mit dem Rotwein ablöschen und mit der ersten Portion Bouillon (100 ml) auffüllen. Mit Intervallfunktion bei 150 Grad 50 Minuten schmoren.
Danach die Kartoffeln und den Kümmel dazugeben und so viel Bouillon nachgiessen, dass das Fleisch vollständig mit Flüssigkeit bedeckt ist. Bei 150 Grad weitere 45 Minuten intervallgaren.
Das Gulasch erhält durch die Zwiebeln und die Kartoffeln eine leicht sämige Konsistenz. Falls nötig zuletzt mit etwas Bouillon verdünnen oder, falls es zu flüssig ist, mit angerührter Maisstärke stärker binden. Mit Salz abschmecken und mit jeweils einem Esslöffel Sauerrahm pro Portion in tiefen Tellern servieren.

Ungarisches Gulasch

Rindsragout nach Bauernart

2 EL Rapsöl
600 g Rindsragout (Stotzen oder Schulter)
150 g Speckwürfel
1 Zwiebel, fein geschnitten
1 Knoblauchzehe, fein geschnitten
150 ml Rotwein
200 ml brauner Rinds- oder Kalbsfond
180 ml Saucenrahm

400 g Kartoffeln
200 g Karotten
200 g weisse Rüben
100 g Silberzwiebeln, geschält, als Garnitur
Salz, Pfeffer aus der Mühle

Das Rapsöl in einem Bräter auf dem Herd erhitzen, das Fleisch mit Speckwürfeln, Zwiebel und Knoblauch kurz anbraten. Die Speckwürfel herausheben und beiseitestellen. Die entstandene Flüssigkeit unter Rühren weiter erhitzen, bis sie verdunstet ist. Mit dem Rotwein ablöschen, mit dem Fond auffüllen und den Saucenrahm dazugeben. Mit Intervallfunktion bei 150 Grad 50 Minuten schmoren.
Inzwischen Kartoffeln, Karotten und weisse Rüben schälen und in kleine, gleichmässig grosse Stücke schneiden. In eine Garschale mit Siebeinsatz geben. Nach 50 Minuten zum Ragout in den Ofen schieben und weitere 35 Minuten dampfgaren. Das Gemüse herausnehmen. Die Speckwürfel wieder dazugeben, mit Salz und Pfeffer abschmecken und, mit den Silberzwiebeln garniert, anrichten.

Hinweis:
Der Speck hat einen so starken Eigengeschmack, dass das ganze Gericht, würde man ihn mitschmoren, nur noch nach Speck schmecken würde.

Poulet-Joghurt-Curry

3 EL Olivenöl
400 g Pouletbrust, in Streifen geschnitten
1 kleine Schalotte, fein gehackt
2 Knoblauchzehen, fein gehackt
200 g Zucchetti, längs halbiert, in Scheiben geschnitten
1 TL Madrascurrypulver
4 Tomaten, gewürfelt
50 g Mangochutney
Salz
180 g Naturjoghurt

250 g Basmatireis, unter fliessendem Wasser gespült
½ l Wasser

Das Olivenöl bei mittlerer Hitze in einer Pfanne erhitzen, die Pouletbruststreifen darin kurz andünsten, ohne Farbe annehmen zu lassen. Schalotte, Knoblauch und Zucchetti dazugeben und kurz mitdünsten. Mit dem Currypulver bestreuen und die Tomatenwürfel dazugeben. Mit dem Mangochutney und mit Salz abschmecken. Vom Herd nehmen.
Den Reis mit dem Wasser in eine Garschale geben. Reis und Curry zusammen 30 Minuten dampfgaren. Das Curry mit dem Reis anrichten, zuletzt den Joghurt darüber verteilen.

Tipp:
Joghurt wie auch andere dickflüssige Milchprodukte wie Sauerrahm oder Quark helfen Schärfe zu mildern. Aus diesem Grund serviert man in Indien zu allen Currygerichten separat eine Schale kalten Joghurt.

Ratsherrentopf

400 g Tafelspitz vom Rind (Schulter- oder Beinfleisch), kalt abgespült
400 g Speck am Stück
1 Lorbeerblatt
2 Nelken
1 Petersilienstengel
grob zerstossene Pfefferkörner, Salz
200 g Knollensellerie, geschält, gewürfelt
300 g Karotten, geschält, gewürfelt
200 g Lauch, gewürfelt
400 g Saucisson
4 Scheiben Knochen mit Mark
500 g Sauerkraut
1 Bouillonwürfel
1 TL Weissweinessig
Pfeffer aus der Mühle, Salz

In einer Kasserolle 2 Liter Wasser zum Kochen bringen, das Rindfleisch und den Speck in das kochende Wasser geben. Lorbeerblatt, Nelken, Petersilienstengel, Pfefferkörner und Salz dazugeben. Nochmals kurz aufkochen und 90 Minuten bei 120 Grad intervallgaren. Dann das vorbereitete Gemüse zusammen mit der Saucisson und den Markknochen dazugeben. In einer separaten Garschale das Sauerkraut dazustellen und beides weitere 30 Minuten dampfgaren. Nach Geschmack die Bouillon mit dem Bouillonwürfel und einem Schuss Essig kräftiger abschmecken. Im Topf servieren.

Tipp:
Als Würzbeilagen passen scharfer Dijonsenf, süsser deutscher Senf, mit einer gepressten Knoblauchzehe gewürzter Sauerrahm, frisch geraffelter, mit Schlagrahm vermischter Meerrettich und Senffrüchte. Dazu ein knuspriges, frisches Brot reichen.

Kalbsbraten glasiert

800 g Kalbfleisch (Schulter oder Schlegel)
300 g Kalbsknochen, klein gehackt (evtl. vom Metzger besorgen lassen)
1 Zwiebel, gewürfelt
70 g Karotte, geschält, gewürfelt
50 g Knollensellerie, geschält, gewürfelt
1 EL Tomatenpüree
4 EL Olivenöl
Salz, Pfeffer aus der Mühle
100 ml Weisswein
400 ml Kalbsbouillon
1 Rosmarinzweig
4 Salbeiblätter
1 TL Maisstärke (Maizena), mit 2 EL Weisswein angerührt
30 g Butter
20 ml Cognac

Das Fleisch mit den zerkleinerten Knochen, dem Gemüse und dem Tomatenpüree in einen Bräter geben, mit dem Olivenöl übergiessen und mit der Funktion Turbogrill (Grill kombiniert mit Heissluft) bei 180 Grad auf jeder Seite 3 Minuten anbraten (insgesamt 12 Minuten). Danach salzen und pfeffern und mit dem Weisswein auffüllen. Nun den Braten 40 Minuten bei 140 Grad intervallgaren. Mit der Bouillon übergiessen und weitere 30 Minuten bei 140 Grad intervallgaren.
Den Fond aus dem Bräter in eine kleine Pfanne abgiessen, den Rosmarinzweig und die Salbeiblätter zum Braten geben und den Braten wieder in den noch warmen Ofen stellen und ruhen lassen.
Den Fond auf dem Herd aufkochen, die angerührte Maisstärke dazugeben und 10 Minuten einkochen lassen. Die Butter in Flocken darunterrühren, die Sauce dabei aber nicht mehr kochen lassen. Mit Salz und Pfeffer abschmecken und mit dem Cognac parfümieren. Die Sauce über den Braten giessen und servieren.

Hinweis:
Mithilfe der Intervallfunktion wird der Braten perfekt glasiert, ohne dass man ihn wie beim konventionellen Braten immer wieder mit Flüssigkeit übergiessen muss.

Rindsschmorbraten

800 g Rindsbraten (Schulter)
1 Zwiebel, gewürfelt
70 g Karotten, geschält, gewürfelt
50 g Knollensellerie, geschält, gewürfelt
2 EL Tomatenpüree
3 EL Olivenöl
Salz, Pfeffer aus der Mühle
300 ml Rotwein
400 ml Rindsbouillon
1 Rosmarinzweig
1 TL Maisstärke (Maizena),
mit 2 EL Rotwein angerührt
25 g Butter
2 EL Balsamicoessig

Das Fleisch mit dem Gemüse und dem Tomatenpüree in einen Bräter geben, mit dem Olivenöl übergiessen und mit der Funktion Turbogrill (Grill kombiniert mit Heissluft) auf jeder Seite 3 Minuten bei 180 Grad anbraten (insgesamt 12 Minuten). Danach salzen und pfeffern und mit Rotwein und Bouillon auffüllen. Anschliessend das Fleisch bei 140 Grad 70 Minuten intervallgaren.
Den Fond aus dem Bräter in eine kleine Pfanne abgiessen. Den Rosmarinzweig zum Braten geben und diesen im noch warmen Ofen nachziehen lassen.
Den Bratenfond auf dem Herd aufkochen, die angerührte Maisstärke dazugeben und 10 Minuten einkochen lassen. Die Butter in Flocken darunterrühren (die Sauce nicht mehr kochen lassen), mit Salz und Pfeffer abschmecken und mit Balsamicoessig parfümieren.
Den Braten aufschneiden, anrichten und mit der Sauce übergiessen.

Rindsfilet Wellington

3 EL Öl
500 g Rindsfilet
Salz, Pfeffer aus der Mühle

2 EL Olivenöl
100 g Champignons, klein gewürfelt
1 kleine Schalotte, fein geschnitten
1 Knoblauchzehe, fein geschnitten
1 TL Petersilie, fein geschnitten
½ TL fein geschnittener Rosmarin
½ TL fein geschnittener Salbei
1 TL Senf
1 EL Portwein
200 g Kalbfleischbrät

300 g Blätterteig, ca. 3 mm dick ausgerollt
1 Ei, verklopft

Das Öl in einer Bratpfanne auf dem Herd erhitzen, das Fleisch auf allen Seiten kurz scharf anbraten, mit Salz und Pfeffer würzen und auf einem Gitter abkühlen lassen, so dass es nicht im eigenen Saft liegt.
Erneut Olivenöl in der Bratpfanne erhitzen, Champignons, Schalotte und Knoblauch darin andünsten, Kräuter und Senf darunterrühren, mit dem Portwein ablöschen, vom Herd nehmen und abkühlen lassen. Dann mit dem Brät vermischen und abschmecken.
Den Blätterteig mit der Brätmischung bestreichen, das angebratene Fleisch darauflegen und sorgfältig in den Teig einpacken. Mit der Naht nach unten auf ein gefettetes Backblech geben und nach Belieben mit Teigstreifen garnieren. Mit dem verklopften Ei bestreichen und im Kühlschrank 30 Minuten ruhen lassen.
Das Filet im Teig bei 180 Grad 30 Minuten intervallgaren. 10 Minuten nachziehen lassen, damit beim Aufschneiden nicht zu viel Fleischsaft ausfliesst.

Rindsfilet Wellington

Tafelspitz

600 g Tafelspitz vom Rind (Schulter- oder Beinfleisch), kalt abgespült
1 Lorbeerblatt
2 Nelken
1 Zweig Petersilie
grob zerstossene Pfefferkörner, Salz

200 g Sellerie, geschält
300 g Karotten, geschält
200 g Lauch, gewaschen
400 g Kartoffeln, geschält
1 TL Weissweinessig
Salz, Pfeffer aus der Mühle
1 Bouillonwürfel
1 TL Weissweinessig

In einer Kasserolle 2 Liter Wasser zum Kochen bringen, das Fleisch in das kochende Wasser geben. Lorbeerblatt, Nelken, Petersilienzweig, Pfefferkörner und Salz dazugeben. Den Sud nochmals kurz aufkochen, dann das Fleisch in der Bouillon bei 130 Grad 70 Minuten intervallgaren.
Das Gemüse in 1 × 1 cm grosse Würfel schneiden, nach Ablauf der 70 Minuten zum Fleisch in die Bouillon geben und alles zusammen noch 30 Minuten dampfgaren. Nach Geschmack noch mit einem Bouillonwürfel und dem Essig kräftiger abschmecken.
Den Tafelspitz aufschneiden, in tiefen Tellern anrichten und mit scharfem Senf servieren.

Berner Platte mit Sauerkraut

Für das Sauerkraut:
20 g Butter
1 kleine Zwiebel, fein geschnitten
1 Knoblauchzehe, fein geschnitten
500 g Sauerkraut, roh
1 Apfel, geschält, entkernt
1 Kartoffel, geschält
100 ml Apfelsaft (Most)
2 Lorbeerblätter
1 TL Kümmel, zerstossen
4 Nelken
Salz, Pfeffer aus der Mühle

1 kg Kartoffeln, geschält
400 g Zungenwurst
2 Wienerli
300 g Speck am Stück

In einer feuerfesten Form auf dem Herd die Butter schmelzen, Zwiebel und Knoblauch darin glasig dünsten. Das Sauerkraut dazugeben, Apfel und Kartoffel mit der Bircherraffel direkt dazureiben. Den Apfelsaft dazugiessen, Lorbeerblätter, Kümmel und Nelken beifügen, alles gut vermischen.
Zungenwurst und Wienerli mit einer feinen Nadel mehrmals einstechen und zusammen mit dem Speck auf das Sauerkraut legen.
Die Kartoffeln in eine Garschale geben.
Alles zusammen 30 Minuten dampfgaren.

Hinweis:
Beim Dampfgaren reichen 30 Minuten nicht aus, um das Sauerkraut ganz weich zu kochen. Es bleibt ein gewisser Biss, der zum Beispiel bei Fischgerichten mit Sauerkraut erwünscht ist. Für ganz weiches Sauerkraut muss dieses ein zweites Mal bzw. am Vorabend gekocht werden.

Schweinsbraten nach Brauereiart

4 EL Olivenöl
1 EL Senf
2 Knoblauchzehen
800 g Schweinshals

300 g Schweins- oder Kalbsknochen, klein gehackt (evtl. vom Metzger besorgen lassen)
1 Zwiebel, gewürfelt
70 g Karotte, geschält, gewürfelt
50 g Knollensellerie, geschält, gewürfelt
1 EL Tomatenpüree
200 ml dunkles Bier
½ l Kalbsbrühe
1 Rosmarinzweig
1 Thymianzweig
½ TL Kümmel, gemörsert
1 TL Maisstärke (Maizena), mit 2 EL Weisswein angerührt
Salz, Pfeffer aus der Mühle

Das Olivenöl mit dem Senf vermischen und den Knoblauch dazupressen. Das Fleisch grosszügig mit der Senfmischung bestreichen und einen halben Tag zugedeckt marinieren.
Das Fleisch mit den zerkleinerten Knochen, dem gewürfelten Gemüse und dem Tomatenpüree in einen Bräter geben und mit der Funktion Turbogrill (Grill kombiniert mit Heissluft) bei 180 Grad auf jeder Seite 3 Minuten anbraten (insgesamt 12 Minuten). Danach salzen und pfeffern, mit dem Bier ablöschen und mit der Kalbsbrühe auffüllen. Nun das Fleisch bei 140 Grad 60 Minuten intervallgaren.
Den Fond aus dem Bräter in eine kleine Pfanne abgiessen, die Kräuterzweige und den Kümmel zum Braten geben und diesen im noch warmen Ofen nachziehen lassen.
Den Fond in der Pfanne auf dem Herd aufkochen, die angerührte Maisstärke dazugeben und 10 Minuten einkochen. Mit Salz und Pfeffer abschmecken und nach Geschmack noch etwas Bier nachgiessen. Den Braten aufschneiden und mit der Sauce servieren.

Ossobuco

4 Tomaten (ergibt ca. 150 g Tomatenwürfel)
4 Kalbshaxenscheiben (Ossobuco)
Salz, Pfeffer aus der Mühle
Mehl zum Bestäuben
4 EL Olivenöl
1 Zwiebel, klein gewürfelt
70 g Karotte, geschält, klein gewürfelt
50 g Knollensellerie, geschält, klein gewürfelt
100 ml Weisswein
600 ml Kalbsbrühe
150 g frische Steinpilze, gesäubert, gewürfelt
1 Knoblauchzehe, möglichst fein geschnitten
1 Messerspitze abgeriebene Zitronenschale
1 TL Maisstärke (Maizena), mit 2 EL Weisswein angerührt
20 ml Cognac
1 Bund Petersilie, fein gehackt

Die Tomaten übers Kreuz einritzen, 10 Minuten dampfgaren, dann sofort mit kaltem Wasser abschrecken. Die Tomaten häuten, halbieren, entkernen und in Würfel schneiden.
Die Kalbshaxenscheiben mit Salz und Pfeffer würzen, mit Mehl bestäuben und in einem Bräter auf dem Herd im heissen Olivenöl auf beiden Seiten scharf anbraten. Zwiebel, Karotte und Sellerie dazugeben, kurz mitdünsten, mit dem Weisswein ablöschen und mit der Kalbsbrühe auffüllen, aufkochen lassen. Steinpilze, Knoblauch und Zitronenzeste beifügen und die Haxen bei 140 Grad 90 Minuten intervallgaren.
Den Fond je nach Konsistenz mit der angerührten Maisstärke binden, mit Salz und Pfeffer abschmecken und mit dem Cognac parfümieren. Die Haxen anrichten und mit Petersilie bestreuen.

Ossobuco

Schweinsbraten Peperonata

600 g Schweinsnierstück
3 EL scharfer Senf
2 EL Olivenöl
Salz, Pfeffer aus der Mühle

je 1 rote und gelbe Peperoni (Paprika), halbiert, entkernt
1 Zucchetti
1 Zwiebel, gewürfelt
4 Knoblauchzehen, gewürfelt
2 Rosmarinzweige

Das Fleisch mit Senf, Olivenöl, Salz und Pfeffer marinieren.
Das Fleisch auf einem Siebeinsatz in eine Garschale legen und bei 140 Grad 30 Minuten intervallgaren. Peperoni und Zucchetti in etwa 1 × 1 cm gleichmässig grosse Stücke schneiden. Zusammen mit Zwiebel und Knoblauch zum Fleisch in die Garschale geben, die Rosmarinzweige auf das Fleisch legen und nun bei 120 Grad weitere 40 Minuten intervallgaren.

Desserts

Mousse au chocolat

150 g Kochschokolade bester Qualität
3 Eigelb
50 g Puderzucker
3 Eiweiss
¼ l Schlagrahm
20 ml Rum zum Parfümieren
Kakaopulver zum Bestäuben

Die Schokolade in eine nicht zu tiefe Schüssel geben und 10 Minuten dampfgaren, um sie zu schmelzen. Die Eigelbe mit dem Puderzucker schaumig rühren. Das Eiweiss zu Schnee schlagen und den Schlagrahm ebenfalls steif schlagen.
Die geschmolzene Schokolade kaltrühren, die Eigelbmischung und den Rum darunterrühren. Dann den Eischnee und den geschlagenen Rahm abwechselnd vorsichtig darunterheben; es sollte möglichst nichts an Volumen verloren gehen. Die Masse in eine Schüssel abfüllen und im Kühlschrank mindestens 4 Stunden stocken lassen.
Zum Servieren mit zwei Esslöffeln Nocken abstechen, auf Tellern anrichten und mit Kakaopulver bestäuben.

Götterspeise mit Apfelmus

Für eine Gratinform von ca. 1¼ l Inhalt

Für das Apfelmus:
500 g Äpfel, geschält, entkernt, gewürfelt
2 EL Zucker oder Honig
2 EL Wasser
2 EL Weisswein
1 TL Zitronensaft

75 g Vollkorn-Zwieback (ca. 14 Scheiben)
400 ml Milch
100 ml Rahm
70 g Zucker
4 Eier
Butter für die Form

Alle Zutaten für das Apfelmus in eine Garschale geben und gut vermischen. 20 Minuten dampfgaren, auskühlen lassen und mit dem Stabmixer pürieren. 400 g Apfelmus abmessen.
Eine Gratinform gut ausbuttern. Das Apfelmus hineingeben, den Zwieback gleichmässig einschichten, so dass die Hälfte des Zwiebacks aus dem Apfelmus herausschaut.
Milch, Rahm, Zucker und Eier gut verrühren und auf das Apfelmus giessen. Mit Intervall Plus bei 95 Grad 40 Minuten dampfgaren. Die Götterspeise im Backofen erkalten lassen, dann im Kühlschrank ganz durchkühlen. Sehr kalt, nach Geschmack mit Zimt bestreut, servieren.

Götterspeise mit Apfelmus

Pochierte Nektarine auf Vanillecreme

Für die Vanillecreme:
60 g Zucker
3 Eigelb
1 Ei
½ l Milch
1 Vanillestange, längs aufgeschlitzt
300 ml Rahm

4 Nektarinen, halbiert, entsteint
100 ml Rahm, steif geschlagen
100 g Mandelblättchen, unter dem Backofengrill geröstet

Für die Vanillecreme den Zucker mit den Eigelben und dem Ei, der Milch und dem ausgekratzten Vanillemark gut verrühren. Durch ein Sieb in eine Glas- oder Keramikform giessen und diese mit Klarsichtfolie abdecken.
Die Nektarinen auf einen Siebeinsatz in eine Garschale setzen und zusammen mit der Creme rund 30 Minuten dampfgaren. Die Creme leicht abkühlen lassen, dann mit dem Schneebesen vorsichtig zur gewünschten Konsistenz verrühren und im Kühlschrank ganz erkalten lassen. Den Rahm steif schlagen und mit einem Spachtel vorsichtig unter die kalte Creme heben. In Gläser jeweils etwas Creme geben, die pochierten Nektarinen daraufsetzen. Mit dem geschlagenen Rahm garnieren und mit den Mandelblättchen bestreuen.

Tipp:
Die Vanillecreme kann man sehr gut mit einem Schuss Likör parfümieren.

Pochierte Nektarine auf Vanillecreme

Orangenflans

65 g Zucker
375 ml Orangensaft
15 ml Grand Marnier
3 Eier

200 ml Rahm
1 Orange, Filets ausgelöst als Garnitur

Den Zucker mit dem Orangensaft aufkochen und 30 Minuten einkochen lassen, damit die Säure entweicht. Den eingekochten Saft abkühlen lassen, den Grand Marnier und die Eier dazugeben, gut verrühren, durch ein Sieb passieren und in vier kleine Keramikförmchen verteilen. Mit Klarsichtfolie abdecken und mit Intervall Plus bei 90 Grad rund 35 Minuten dampfgaren. Anschliessend noch weitere 30 Minuten im Ofen ziehen lassen. Die Flans herausnehmen und abkühlen lassen.
Zum Servieren die Flans dem Rand entlang lösen und auf Teller stürzen. Den Rahm steif schlagen, in den Spritzsack füllen und die Orangenflans damit dekorieren. Mit den Orangenfilets ausgarnieren.

Schokoladenflans

Für 6 Förmchen à 150 ml Inhalt

300 ml Vollmilch
300 ml Vollrahm
60 g Zucker
125 g Zartbitterschokolade, zerkleinert
6 Eigelb
200 ml Schlagrahm
Schokoladenpulver zum Bestreuen

Milch, Rahm, Zucker und Schokolade in einem Topf auf dem Herd bei mittlerer Hitze unter Rühren erwärmen, bis die Schokolade geschmolzen ist (die Masse darf nicht kochen). Vom Herd ziehen und auf Zimmertemperatur abkühlen lassen.
Die Eigelbe verrühren und die Schokoladenmasse gut daruntermischen. Portionenförmchen aus Glas oder Keramik bis etwa 1 cm unter dem Rand mit der Masse füllen. Mit Klarsichtfolie abdecken. Mit Intervall Plus bei 90 Grad 35 Minuten garen und anschliessend noch weitere 30 Minuten im Ofen durchziehen lassen, damit die Masse schön stockt. Im Kühlschrank kalt stellen.
Den Schlagrahm steif schlagen, die Förmchen bis zum Rand mit Schlagrahm auffüllen, mit einem Spachtel glattstreichen und mit Schokoladenpulver bestreuen.

Zitronengrasflans

Für 6 Förmchen à 120 ml Inhalt

3 Stengel Zitronengras, gewaschen, in feine Rädchen geschnitten
¼ l Milch
¼ l Rahm
110 g Zucker
2 Eier
2 Eigelb

Das Zitronengras zur Milch geben, einmal aufkochen, dann abkühlen lassen und über Nacht im Kühlschrank ziehen lassen, damit die Milch das Aroma annimmt.
Am folgenden Tag Rahm, Zucker, Eier und Eigelbe dazugeben, alles gut verrühren, durch ein Sieb streichen und in vier kleine Keramikförmchen verteilen. Mit Klarsichtfolie abdecken. Mit Intervall Plus bei 90 Grad rund 35 Minuten dampfgaren. Die Flans im Backofen abkühlen lassen, dann im Kühlschrank ganz durchkühlen. In den Förmchen servieren.

Topfenknödel

Topfen nennt man in Österreich einen Quark, der fast kein Wasser enthält.

40 g Butter, weich
20 g Zucker
abgeriebene Zitronenschale
Salz
150 g Toastbrot, entrindet, klein gewürfelt
30 g Mehl
1 Ei
1 Eigelb
200 g Magerquark, über Nacht in einem Passiertuch abgetropft
Butter für den Siebeinsatz

Für die Semmelbrösel:
50 g Semmelbrösel
50 g Butter
50 g Zucker
20 g Mohn

Die weiche Butter mit Zucker, Zitronenschale und Salz schaumig rühren. Toastbrotwürfel, Mehl, Ei und Eigelb sowie Quark dazugeben und zu einer homogenen Masse verarbeiten. Mindestens 1 Stunde im Kühlschrank durchziehen lassen.
Dann mit einem Glaceportionierer aus der Masse Knödel formen und diese auf einen gut gebutterten Siebeinsatz in eine Garschale geben. 20 Minuten dampfgaren.
Inzwischen die Semmelbrösel in einer Bratpfanne braun rösten, die Butter und den Zucker dazugeben und zuletzt den Mohn beifügen.
Die gedämpften Knödel in der Mohn-Brösel-Mischung wenden, bis sie rundherum schön gleichmässig paniert sind.

Tipp:
Zu den Topfenknödeln ein Früchtekompott servieren.

Marillenknödel

Ein etwas aufwendiges, aber himmlisches Gericht!

400 g mehlig kochende Kartoffeln, geschält, gewürfelt
10 g feiner Hartweizengriess
100 g Mehl
Salz
2 Eigelb

4 schöne, möglichst grosse Aprikosen, eingeschnitten, entsteint
4 Stück Würfelzucker
Butter für den Siebeinsatz

200 g Semmelbrösel
100 g Butter

Die Kartoffeln 35 Minuten dampfgaren. Dann den Backofen auf 150 Grad Heissluft schalten und die gedämpften Kartoffelwürfel darin 15 Minuten trocknen lassen (auf diese Weise wird die Masse schön fest).
Die Kartoffeln pürieren, etwas abkühlen lassen, dann Griess, Mehl, Salz und die Eigelbe beifügen und zu einem relativ festen Teig verarbeiten. Falls der Teig zu wenig fest ist, eventuell noch wenig Mehl darunterarbeiten. Zu viel Mehl ergibt aber einen im Gaumen klebrigen Teig; daher ist es wichtig, die Kartoffeln zuvor gut zu trocknen.
Den Teig etwa 1 cm dick ausrollen, in vier gleich grosse Teile schneiden.
In die Aprikosen anstelle des Steins jeweils einen Zuckerwürfel legen und wieder verschliessen. Jedes Teigstück mit einer Aprikose belegen und mit gut bemehlten Händen zu einem runden Knödel formen. Der Teig sollte überall gleich dick sein, sonst reisst er an einer dünneren Stelle. Die Knödel auf einen gebutterten Siebeinsatz in eine Garschale legen und 25 Minuten dampfgaren.
Inzwischen die Semmelbrösel in einer Bratpfanne gleichmässig braun rösten.
Die Butter in einem kleinen Pfännchen stark erhitzen, bis sie nussbraun ist (Beurre noisette).
Die gegarten Knödel vorsichtig in den gerösteten Bröseln wenden, sodass sie rundherum gleichmässig paniert sind. Anrichten, mit zwei Gabeln in der Mitte aufreissen, mit der heissen Butter übergiessen und sofort servieren.

Tipps:
Die Knödel können zum Garen auch in Klarsichtfolie eingepackt werden, dadurch bleiben sie schön in Form.
Anstelle von Aprikosen kann man auch Zwetschgen verwenden, die Früchte dürfen aber nicht zu reif sein.

Apfelstrudel mit Vanillesauce

30 g Butter
350 g säuerliche Äpfel (z.B. Boskop oder Braeburn)
30 g Zucker
30 g gemahlene Mandeln
25 g Semmelbrösel
40 g Weinbeeren
250 g Strudel- oder ersatzweise Blätterteig, rechteckig ausgerollt
1 Ei, verklopft

Für die Vanillesauce:
¼ ml Milch
1 Vanillestengel, ausgekratztes Mark
1 TL Maisstärke (Maizena)
50 g Zucker
2 Eigelb

Die Butter in einer Bratpfanne erhitzen, die Äpfel halbieren, entkernen, in Scheiben schneiden und in der Butter kurz andünsten. Zucker, Mandeln, Semmelbrösel und Weinbeeren dazugeben, kurz mitdünsten, dann vom Herd nehmen und in der Pfanne erkalten lassen. Strudelteig nach den Angaben auf der Packung zum Füllen vorbereiten. Blätterteig auf ein mit Backpapier belegtes Blech legen. Die Teigränder mit Ei bestreichen, die erkaltete Apfelmasse gleichmässig an einer der Längsseiten auf dem Teig verteilen und zu einem Strudel rollen.
Den Strudel gleichmässig mit Ei bestreichen. Bei 200 Grad 35 Minuten intervallgaren. Den Strudel lauwarm mit Vanillesauce oder einer Kugel Vanilleglace servieren.

Für die Vanillesauce 200 ml Milch mit dem ausgekratzten Vanillemark aufkochen. Die Maisstärke mit der restlichen Milch verrühren, durch ein Teesieb zur kochenden Milch geben und noch 5 Minuten weiter köcheln lassen, dabei immer gut rühren. Vom Herd nehmen, den Zucker dazugeben, gut umrühren und etwas abkühlen lassen. Dann die Eigelbe darunterziehen.

Tipp:
Statt der hier rezeptierten können Sie auch die Vanillecreme von Seite 93 im Profi Steam zubereiten und lauwarm zum Strudel servieren.

Schokoladenküchlein

Für 4 kleine Kuchenformen von 10 cm Durchmesser

100 g Blätterteig, ausgerollt
30 g Bitterorangenkonfitüre
Butter und Mehl für die Förmchen

150 g Kochschokolade bester Qualität
25 g Butter, zimmerwarm
2 Eigelb
50 g Zucker
20 g Mehl
4 Eiweiss
1 Prise Salz

Aus dem Blätterteig mit einem runden Ausstecher Rondellen in der Grösse der Backförmchen ausstechen. Die Förmchen mit Butter ausstreichen und mit Mehl bestäuben. Mit dem Blätterteig auslegen. Die Orangenkonfitüre in einem Pfännchen leicht erwärmen und den Blätterteig damit bestreichen. Den Teig mit einer Gabel stupfen. Bis zur Verwendung in den Kühlschrank stellen.
Die Schokolade in eine nicht zu tiefe Schüssel geben und 10 Minuten dampfgaren, um sie zu schmelzen.
Die Butter schaumig schlagen und unter die geschmolzene Schokolade rühren. Eigelbe, Zucker, Salz und Mehl dazugeben und alles gut verrühren. Das Eiweiss steif schlagen und vorsichtig unter die Schokoladenmasse heben.
Die Masse gleichmässig in die vorbereiteten Backförmchen verteilen und bei 170 Grad 35 Minuten intervallgaren. Die Küchlein lauwarm servieren; sie sollten im Kern noch leicht flüssig sein.

Rumschokoladenkuchen

Für eine runde Kuchenform von 30 cm Durchmesser

300 g Kochschokolade bester Qualität
150 g Butter, zimmerwarm
3 Eier
100 g Zucker
1 Päckchen Vanillezucker
25 ml Strohrum
80 g Mehl
40 g geriebene Mandeln
1 Prise Salz

Die Schokolade in eine nicht zu tiefe Schüssel geben und 10 Minuten dampfgaren, um sie zu schmelzen.
Die Butter schaumig schlagen. Die Eier mit Zucker und Vanillezucker ebenfalls schaumig rühren.
Die Butter unter die geschmolzene Schokolade rühren und sofort mit der Eimasse vermischen, mit dem Rum parfümieren. Das Mehl mit den Mandeln und dem Salz vermischen, dazugeben und alles zu einem Teig verarbeiten.
Den Teig in ein gebuttertes, bemehltes tiefes Kuchenblech füllen und im auf 210 Grad vorgeheizten Ofen mit Heissluft 10 Minuten backen. Auskühlen lassen, stürzen und mit Puderzucker bestreuen.

Tipp:
In Klarsichtfolie eingepackt hält sich dieser Kuchen bis zu 5 Tage im Kühlschrank und wird dabei schön feucht und saftig.

Rumschokoladenkuchen

Grossmutters Schokoladen-cake ohne Mehl

Für eine Cakeform von 1½ l Inhalt

7 Eigelb
230 g Zucker
100 g Kochschokolade
25 g Butter
15 g Kakaopulver
7 Eiweiss
1 Prise Salz
250 g geriebene Mandeln

Die Eigelbe mit dem Zucker schaumig rühren.
Die Schokolade in einer kleinen Schüssel 10 Minuten dampfgaren, um sie zu schmelzen. Butter und Kakaopulver darunterrühren.
Das Eiweiss mit dem Salz zu Schnee schlagen.
Die Schokoladenmischung unter die Eigelbmasse rühren, dann sofort abwechslungsweise Mandeln und Eischnee vorsichtig unter die Masse heben. In eine gebutterte, bemehlte Cakeform füllen und bei 155 Grad 50 Minuten intervallgaren. 10 Minuten auskühlen lassen, dann stürzen und vor dem Servieren mit Puderzucker bestreuen.

Tipp:
In Alufolie eingepackt, hält sich dieser Cake bis zu 5 Tage im Kühlschrank.

Rüeblicake

Für eine Cakeform von 1½ l Inhalt

400 g Karotten, geschält
1 Zitrone, Saft
200 g Zucker
3 Eigelb
250 g geriebene Haselnüsse
3 Eiweiss
1 Prise Salz
100 g Mehl
½ Päckchen Backpulver

Die Karotten mit der Bircherraffel fein reiben und mit dem Zitronensaft mischen.
Den Zucker mit den Eigelben schaumig rühren, die Haselnüsse und die geriebenen Karotten dazugeben und alles gut vermischen.
Das Eiweiss mit dem Salz zu Schnee schlagen. Das Mehl mit dem Backpulver sieben. Eischnee und Mehl abwechselnd vorsichtig unter die Karottenmasse heben. In eine ausgebutterte und bemehlte Cakeform füllen und bei 160 Grad 50 Minuten intervallgaren.
10 Minuten abkühlen lassen, dann stürzen. Vollständig erkalten lassen und in Alufolie gewickelt aufbewahren.

Tipps:
Wie alle feuchten Gebäcke sollte auch dieser Cake vor dem Servieren mindestens 24 Stunden gut verpackt im Kühlschrank durchziehen, damit er schön feucht ist.
Der Cake hält sich in Alufolie verpackt 5 Tage im Kühlschrank oder bis zu 3 Monate im Tiefkühler.

Grossmutters Schokoladencake ohne Mehl

Nusstorte

Für eine runde Springform von 24 cm Durchmesser

200 g Zucker
6 Eigelb
125 g Mehl
1 Päckchen Backpulver
125 g geriebene Haselnüsse
6 Eiweiss
Butter und Mehl für die Form

Für die Füllung:
½ l Schlagrahm
1 Päckchen Rahmhalter (Sahnesteif)
50 g geriebene Haselnüsse
20 g Zucker

100 ml Schlagrahm für die Garnitur
ganze Haselnüsse

Die Springform ausbuttern und mit Mehl bestäuben.
Den Zucker mit den Eigelben schaumig rühren.
Das Backpulver zum Mehl geben und mit den Nüssen vermischen. Das Eiweiss steif schlagen und zusammen mit der Mehlmischung vorsichtig unter die schaumig gerührte Eigelbmasse ziehen. In die Springform füllen und bei 150 Grad 45 Minuten intervallgaren. In der Form auskühlen lassen, dann die Torte herausnehmen und am besten in Folie eingepackt über Nacht ruhen lassen.
Für die Füllung den Schlagrahm aufschlagen und, kurz bevor er steif ist, Rahmhalter, Haselnüsse und Zucker dazugeben und fertig schlagen.
Die Torte quer in 3 Scheiben schneiden. Ein Drittel der Füllung auf den Boden streichen, eine weitere Teigscheibe daraufgeben und wiederum mit einem Drittel der Füllung bestreichen. Den Deckel darauflegen und mit der restlichen Füllung die Oberfläche und den seitlichen Rand gleichmässig bestreichen.
Den Rahm für die Garnitur steif schlagen, in einen Spritzsack füllen und die Torte damit nach Belieben garnieren. Ganze Haselnüsse als Dekoration daraufgeben. Die Torte vor dem Servieren 2 Stunden in den Kühlschrank stellen.

Hinweis:
Aufgrund der Rahmfüllung eignet sich diese Torte nicht zum Lagern.

Cheesecake

2 Eier
70 g Zucker
1 Päckchen Vanillezucker
250 g Frischkäse (z.B. Philadelphia)
10 ml Milch
60 ml Sauerrahm

Die Eier mit Zucker und Vanillezucker schaumig rühren. Den Frischkäse mit Milch und Sauerrahm glattrühren. Alles zusammen zu einer Masse verrühren. In einer ausgebutterten Garschale bei 120 Grad 35 Minuten intervallgaren. Zusammen mit einem Früchtekompott servieren.

Torta di mele

Apfelkuchen

Für eine Kuchenform von 28 cm Durchmesser mit hohem Rand

100 g Mehl
½ Päckchen Backpulver
100 ml Milch
2 Eier
180 g Zucker
1 Päckchen Vanillezucker
100 g Butter, flüssig
5 feste, säuerliche Äpfel (z.B. Boskop, Glockenäpfel)

Butter für die Form
50 g Mandelblättchen
Puderzucker

Das Backpulver unter das Mehl mischen und mit der Milch anrühren. Die Eier aufschlagen, Zucker und Vanillezucker dazugeben und unter die Mehlmischung rühren. Am Schluss die flüssige Butter darunterrühren. Die Äpfel schälen, vierteln, das Kerngehäuse entfernen und die Früchte in Blättchen schneiden. Unter den Teig mischen.
Die Kuchenform ausbuttern, die Mandelblättchen gleichmässig darin verteilen und Teig einfüllen. Bei 185 Grad 40 Minuten intervallgaren. 10 Minuten auskühlen lassen, dann mit Puderzucker bestreuen. Den Kuchen am besten lauwarm geniessen.

Madeleine-Torte mit Aprikosen

Für eine Tortenform von 24 cm Durchmesser

250 g Butter
250 g Zucker
5 Eigelb
5 Eiweiss
1 Prise Salz
250 g Mehl

8 Aprikosen, halbiert, entsteint

Die Butter mit dem Zucker und den Eigelben schaumig rühren. Das Eiweiss mit dem Salz zu Schnee schlagen. Eischnee und Mehl abwechslungsweise vorsichtig unter die Eigelbmasse heben. Den Teig in eine gebutterte und bemehlte Tortenform füllen. Die Aprikosenhälften auf dem Teig verteilen, leicht hineindrücken und die Torte sofort bei 180 Grad 45 Minuten intervallgaren.

Tipps:
Die Torte schmeckt frisch aus dem Ofen, hält sich aber in Folie eingepackt auch einige Tage im Kühlschrank. Anstelle von Aprikosen kann man auch Zwetschgen oder Apfelhälften nehmen.

Dampfnudeln

100 ml Milch
20 g Hefe
30 g Zucker
50 g Butter
2 Eier, verklopft
450 g Mehl
1 TL Salz

Für den Guss:
100 ml Milch
100 ml Rahm
50 g Butter
20 g Zucker

Die Milch knapp handwarm erwärmen, die Hefe und den Zucker darin auflösen und gut verrühren. Die Butter und die verklopften Eier darunterrühren. Das Mehl dazusieben, Salz beifügen und alles gut zu einem Teig verkneten. An einem warmen Ort mindestens 40 Minuten gehen lassen, bis der Teig auf das Doppelte aufgegangen ist.
Inzwischen für den Guss Milch, Rahm, Butter und Zucker verrühren.
Den Teig in 8 gleich grosse Stücke teilen, diese zu gleichmässigen Kugeln formen, mit etwas Abstand in eine gebutterte Gratinform legen und nochmals 20 Minuten gehen lassen.
Den Guss über die Dampfnudeln giessen und bei 180 Grad 35 Minuten intervallgaren. Die Dampfnudeln warm, nach Belieben mit Vanillecreme (siehe Seite 93) oder mit einem Früchtekompott servieren.

Rumschnitten

Für das Apfelmus:
3 Äpfel
1 EL Zucker
½ Zitrone, Saft

Für den Mürbteig:
200 g Mehl
140 g Butter
30 g Zucker
1 Msp. abgeriebene Zitronenschale

Für die Vanillecreme:
200 ml Vollmilch
2 Eier
20 g Zucker
½ Vanillestange, ausgekratztes Mark

Für den Guss:
50 g Puderzucker
20 ml Strohrum
1 Zitrone, Saft

Die Äpfel schälen und würfeln. Mit Zucker und Zitronensaft in eine Form geben und gut vermischen. 20 Minuten dampfgaren, dann herausnehmen, auskühlen lassen und mit dem Stabmixer pürieren. Das Püree anschliessend in einem Sieb etwa 1 Stunde abtropfen lassen, so dass ein festes Apfelmus entsteht.

Das Mehl in eine grosse Schüssel geben und in der Mitte eine Vertiefung bilden. Die Butter in Würfel schneiden und zusammen mit dem Zucker und der abgeriebenen Zitronenschale zum Mehl geben, alles schnell zu einem glatten Teig verarbeiten. Den Teig in Klarsichtfolie wickeln und mindestens 30 Minuten im Kühlschrank ruhen lassen. Danach den Teig halbieren und zu 2 Platten ausrollen. Den Boden einer gut gefetteten und bemehlten Kuchenform mit dem Teig auslegen, mit einer Gabel sehr gut einstechen und bei 140 Grad 25 Minuten blindbacken. Herausnehmen und vollständig erkalten lassen.

Einen der gebackenen Teigböden wieder in die Kuchenform legen, das Apfelmus darauf verteilen. Die Milch mit Eiern, Zucker und Vanillemark verrühren und darübergeben. Bei 95 Grad 40 Minuten intervallgaren und anschliessend im Backofen stehen lassen, bis die Masse gestockt ist. Dann den zweiten Mürbeteigboden auf die Vanilleschicht legen, so dass es eine Art Cremeschnitte ergibt.

Den Puderzucker mit Rum und Zitronensaft verrühren und den Guss gleichmässig auf dem Teigdeckel verteilen. Im Kühlschrank mindestens 1 Stunde ziehen und fest werden lassen. Dann den Kuchen in Portionenschnitten schneiden.

Tipp

Der abgetropfte Apfelsaft ergibt eine wunderbare Parfumierung in einem Früchtetee.

Brot und Brotwaren

Was für den Profibäcker schon lange selbstverständlich ist, bieten die modernen Kombigeräte nun auch für die Haushaltküche, nämlich Heissluft kombiniert mit Feuchtigkeit. Dadurch behält der Brotlaib besser die Form, die Kruste wird dünn und knusprig und hält die Feuchtigkeit länger im Backgut.

Die Funktion Intervallgaren ist optimal für alle Brote, sei es für die im folgenden Kapitel vorgeschlagenen Rezepte oder für Ihr eigenes Brotrezept – probieren Sie es aus!

Brotteig von Hand zu kneten ist sehr anstrengend, muss der Teig dann doch eine gute Viertelstunde bearbeitet werden. Einfacher geht es mit der Knetmaschine: Der Teig muss dann mindestens 8 Minuten geknetet werden, bis er sich von der Schüssel löst und schön glänzend und elastisch ist.

Früchtebrot

Für 1 Cakeform von 1½ l Inhalt

700 g getrocknete Früchte (200 g Pflaumen, 200 g Rosinen, 200 g Aprikosen, 100 g Feigen), klein gewürfelt
1 Zitrone, Saft
4 EL Rum

180 g Haferflocken
50 ml Milch
50 g Mehl
200 g Nüsse (Haselnüsse oder Mandeln), ganz
1 Prise Salz
1 Prise Vanillezucker
1 TL Backpulver
3 Eier
4 EL Honig
50 g Zucker

Butter und Mehl für die Form

Die getrockneten Früchte mit dem Zitronensaft und dem Rum mischen und über Nacht zugedeckt ziehen lassen.
Am nächsten Tag die Haferflocken mit der Milch beträufeln und 2 Stunden ziehen lassen.
Die Cakeform ausbuttern und mit Mehl bestäuben.
Mehl und Nüsse gut unter die Früchtemasse mischen. Salz, Vanillezucker, Backpulver und die eingeweichten Haferflocken beifügen. Die Eier mit Honig und Zucker schaumig rühren, ebenfalls zur Früchtemasse geben und alles gut verarbeiten. Nochmals 2 Stunden ziehen lassen. Dann in die Cakeform füllen und bei 140 Grad 90 Minuten intervallgaren. Den Cake in der Form leicht auskühlen lassen und erst dann stürzen.

Tipp:
Das Früchtebrot sollte man nie frisch aufschneiden. Nach dem Auskühlen in Alufolie wickeln und mindestens 12 Stunden im Kühlschrank lagern. Es hält sich so gut 5 Tage frisch.

Scones

Very british!

Für 4 Stück

125 ml Milch
2 gestrichene TL Backpulver
250 g Weissmehl
35 g Butter
½ TL Salz
1 TL Zucker

1 Eigelb, verklopft, zum Bestreichen

Milch und Butter Zimmertemperatur annehmen lassen. Das Backpulver unter das Mehl mischen. Mit den restlichen Zutaten zu einem elastischen Teig kneten. Den Teig zugedeckt 1 Stunde ruhen lassen.
Den Teig 2 cm dick ausrollen. Mit einem runden Ausstecher von 6 cm Durchmesser Rondellen ausstechen, auf ein mit Backpapier belegtes Blech setzen und die Oberfläche mit Eigelb bestreichen. Noch einmal 20 Minuten ruhen lassen. Auf der mittleren Rille bei 180 Grad mit Intervallfunktion 12–15 Minuten backen.

Tipp:
Scones werden in England lauwarm mit Butter, Erdbeerkonfiture und «Clotted Cream» zur «Tea-time» serviert. «Clotted Cream» ist eine englische Spezialität, eine Art dicker, fettreicher Rahm. Als Ersatz kann man geschlagenen Rahm nehmen.

Baguette

¼ l Wasser
20 g Hefe
500 g Halbweissmehl
90 g Joghurt nature
20 g Leinsamen
10 g Salz

Die Hefe mit 100 ml lauwarmem Wasser auflösen.
Das Mehl in die Teigschüssel geben und in der Mitte eine Vertiefung bilden. Die aufgelöste Hefe in die Mulde giessen, mit Mehl vom Rand der Mulde zu einem dicken Teiglein anrühren und 15 Minuten gehen lassen, bis die Oberfläche Risse aufweist. Den Joghurt, das restliche Wasser, Leinsamen und Salz dazugeben und zu einem elastischen Teig kneten. Den Teig zugedeckt 1 Stunde ruhen lassen. Während dieser Zeit dreimal wieder zusammenschlagen.
Den Teig halbieren und zu zwei langen Baguettes formen, auf ein mit Backpapier belegtes Blech setzen. Die Oberfläche mit der angefeuchteten Hand benetzen, mit Mehl bestäuben und mit einem scharfen Messer der Länge nach 3 mm tief einschneiden, anschliessend noch einmal 15 Minuten ruhen lassen.
Die Brote auf der mittleren Rille bei 185 Grad mit Intervallfunktion 35 Minuten backen.

Scones

Brioche

Für eine Kastenform von 1 l Inhalt

150 g Butter
100 ml Milch
30 g Hefe
1 Messerspitze Zucker
400 g Weissmehl
1 TL Salz
2 Eier

1 Eigelb, verklopft, zum Bestreichen

Butter und Milch Zimmertemperatur annehmen lassen. Die Butter schaumig rühren.
Die Hefe in der Milch auflösen, den Zucker dazugeben. Das Mehl in eine Schüssel geben und in der Mitte eine Vertiefung bilden. Die aufgelöste Hefe in die Mulde giessen und mit etwas Mehl zu einem Vorteig anrühren. Diesen zugedeckt 20 Minuten gehen lassen, bis er aufgegangen ist. Nun alle anderen Zutaten dazugeben und zu einem geschmeidigen Teig kneten, bis sich dieser von der Schüssel löst. Zugedeckt an einem warmen Ort 1 Stunde aufgehen lassen, bis er etwa das doppelte Volumen hat.
Die Kastenform mit Backpapier auslegen und dieses mit flüssiger Butter bestreichen. Den Teig einfüllen und zugedeckt in der Form nochmals 20 Minuten ruhen lassen.
Die Oberfläche des Teigs mit dem verklopften Ei bestreichen. Auf der mittleren Rille bei 180 Grad mit Intervallfunktion 35 Minuten backen.

Sonnenblumentopfbrot

Für einen unglasierten Keramikblumentopf von 12 cm Durchmesser

20 g Hefe
350 ml Wasser, lauwarm
400 g Ruchmehl
100 g dunkles Roggenmehl
10 g Salz
30 ml Sonnenblumenöl
80 g Sonnenblumenkerne

1 EL Sonnenblumenöl für den Blumentopf

Die Hefe im lauwarmen Wasser auflösen. Mit den restlichen Zutaten ausser den Sonnenblumenkernen zu einem elastischen Teig kneten, zuletzt die Sonnenblumenkerne darunterarbeiten. Den Teig zugedeckt 1 Stunde ruhen lassen. Während dieser Zeit dreimal wieder zusammenschlagen.
Den Blumentopf gründlich auswaschen und mit Sonnenblumenöl leicht einfetten.
Den Teig rund formen, in den Keramiktopf geben, die Oberfläche mit der angefeuchteten Hand benetzen, mit Mehl bestäuben und noch einmal 20 Minuten ruhen lassen. Auf der mittleren Rille in den Ofen geben und bei 180 Grad mit Intervallfunktion 50 Minuten backen.

Tipp:
Den Topf mit einer schönen Schleife verziert, ist dies ein originelles Mitbringsel für einen Sonntagsbrunch.

Sonnenblumentopfbrot

Bauernbrot

20 g Hefe
150 ml Milch, lauwarm
500 g Ruchmehl und Roggenmehl gemischt
10 g Salz
200 ml Wasser

Die Hefe in der lauwarmen Milch auflösen. Mit den restlichen Zutaten zu einem elastischen Teig kneten. Den Teig zugedeckt 1 Stunde ruhen lassen. Während dieser Zeit dreimal wieder zusammenschlagen. Den Teig rund formen, die Oberfläche mit der angefeuchteten Hand benetzen, mit Mehl bestäuben und das Brot auf ein mit Backpapier belegtes Blech setzen. Noch einmal 15 Minuten ruhen lassen, dann mit einem scharfen Messer kreuzweise 3 mm tief einschneiden und anschliessend nochmals 15 Minuten ruhen lassen. Auf der mittleren Rille bei 185 Grad mit Intervallfunktion 45 Minuten backen.

Kräftiges Gewürzbrot

1 TL Kümmel
1 TL Fenchelsamen
1 TL Kardamom
½ TL Anissamen
20 g Hefe
150 ml Milch, lauwarm
300 g Ruchmehl
200 g Dinkelmehl
10 g Salz
200 ml Wasser

Alle Gewürze zusammen im Mörser zerstossen.
Die Hefe in der lauwarmen Milch auflösen. Mit den restlichen Zutaten zu einem elastischen Teig kneten. Den Teig zugedeckt 1 Stunde ruhen lassen. Während dieser Zeit dreimal wieder zusammenschlagen. Den Teig rund formen, die Oberfläche mit der angefeuchteten Hand benetzen, mit Mehl bestäuben und das Brot auf ein mit Backpapier belegtes Blech setzen. Noch einmal 15 Minuten ruhen lassen, dann mit einem scharfen Messer kreuzweise 3 mm tief einschneiden und anschliessend nochmals 15 Minuten ruhen lassen. Auf der mittleren Rille bei 180 Grad mit Intervallfunktion 50 Minuten backen.

Bauernbrot

Würziges Zwiebelbrot

20 g Hefe
150 ml Milch, lauwarm
500 g Weizenmehl
10 g Salz
200 g Zwiebeln, fein gewürfelt
200 ml Wasser
20 ml Olivenöl
1 TL Currypulver
1 TL Kümmelsamen, im Mörser zerrieben

Die Hefe in der lauwarmen Milch auflösen. Mit den restlichen Zutaten zu einem elastischen Teig kneten. Den Teig zugedeckt 1 Stunde ruhen lassen. Während dieser Zeit dreimal wieder zusammenschlagen. Den Teig zu einem länglichen Brotlaib formen, die Oberfläche mit der angefeuchteten Hand benetzen, mit Mehl bestäuben und das Brot auf ein mit Backpapier belegtes Blech setzen. Noch einmal 15 Minuten ruhen lassen, dann mit einem scharfen Messer quer 3 mm tief einschneiden und anschliessend nochmals 15 Minuten ruhen lassen.
Auf der mittleren Rille bei 185 Grad mit Intervallfunktion 45 Minuten backen.

Apérobrot

¼ l Milch
25 g Hefe
500 g Weissmehl
15 g Salz
30 ml Olivenöl
30 g Butter
1 TL Zucker
100 g schwarze Oliven, entsteint, grob gehackt
70 g in Öl eingelegte getrocknete Tomaten, abgetropft, grob gehackt

Die Milch Zimmertemperatur annehmen lassen und die Hefe darin auflösen. Mit den restlichen Zutaten zu einem elastischen Teig kneten. Den Teig zugedeckt 1 Stunde ruhen lassen. Während dieser Zeit dreimal wieder zusammenschlagen.
Den Teig halbieren und zu zwei langen, dünnen Laiben formen, diese spiralförmig dreimal verdrehen. Die Teigoberfläche mit der angefeuchteten Hand benetzen, mit Mehl bestäuben und die Brote auf ein mit Backpapier belegtes Blech legen. 20 Minuten ruhen lassen, dann mit einem scharfen Messer kreuzweise 3 mm tief einschneiden, anschliessend noch einmal 20 Minuten ruhen lassen.
Die Brote auf der mittleren Rille bei 185 Grad mit Intervallfunktion 40 Minuten backen.

Pain au chocolat

150 g Blätterteig
4 Reihen Crémant-Schokolade oder
4 dunkle Schokoladenstengel (Branchli)
1 Eigelb
½ TL Wasser

Den Blätterteig ausrollen und in 4 gleich grosse Stücke von etwa 12 x 15 cm schneiden. Das Eigelb mit dem Wasser gut verrühren und mit einem Pinsel dem Teigrand entlang daraufstreichen. Jeweils eine Schokoladenreihe oder einen Schokoladenstengel an den unteren Rand des Teigs legen und einrollen. Die Teigoberfläche mit dem restlichen Eigelb bestreichen.
30 Minuten im Kühlschrank ruhen lassen. Dann die «Pains au chocolat» auf ein mit Backpapier belegtes Blech legen und bei 180 Grad 15 Minuten intervallgaren.

Kürbisbrot

Für eine Cakeform von 1½ l Inhalt

300 g Kürbis, geschält, entkernt, gewürfelt
500 g Weizenmehl
1 Päckchen Trockenhefe
50 g Zucker
½ TL Salz
30 g Butter, zimmerwarm
1 Eigelb zum Bestreichen

Den Kürbis im Lochgittereinsatz 30 Minuten dampfgaren. Dann mit dem Mixer pürieren.
Das Mehl mit Trockenhefe, Zucker und Salz gut vermischen. Das Kürbispüree und die Butter darunterrühren und alles zu einem elastischen Teig kneten; da der Kürbis nicht immer gleich viel Feuchtigkeit abgibt, falls nötig noch etwas Wasser oder Mehl hinzufügen. Den Teig zugedeckt an einem warmen Ort 1 Stunde aufgehen lassen. Während dieser Zeit dreimal wieder zusammenschlagen.
Den Teig in die gefettete Cakeform füllen und die Oberfläche mit dem Eigelb bestreichen. Bei 180 Grad 50 Minuten intervallgaren.

Rezeptverzeichnis

Vorspeisen und Salate

Vegetarische Gerichte und Beilagen

Fischgerichte

Fleischgerichte

Desserts und süsses Gebäck

Brot und Backwaren

Roland Astner

Gelernter Koch, Lehrjahre in verschiedensten Betrieben. Bewirtete Könige und organisierte Grossanlässe für über 10 000 Personen. War als stellvertretender Projektleiter an der Landesausstellung Expo.02 für die Gastronomie zuständig, arbeitet heute als Leiter Fachberatung bei Electrolux und ist zuständig für die Kochstudios und Showrooms der Electrolux Gruppe in der ganzen Schweiz.

www.electrolux.ch

Dank

Ein besonderer Dank geht an:
die Electrolux AG, die mir die nötige Freiheit gewährte, ein weiteres Buchprojekt zu realisieren, und so unsere Kompetenz im Bereich Dampfgaren weiter festigt,

mein Team, das täglich im Namen von Profi Steam und Electrolux im Einsatz ist,

Claire Banz, Carol Meile, Madlen Ackermann, Susanne Althaus, Doris Anliker, Lisbeth Ast, Silvia Bucher, Doris Buser, Eliane Contaldi, Liliane Flury, Esther Furrer, Susanna Gatti, Annetta Gerstlauer, Nathalie Hoffmann, Marianne Honegger, Monique Jaeglé, Marianne Jenni, Marie-Therese Köhle, Rita Kreiliger, Vreny Ledergerber, Leonie Michel, Eliane Minnig, Daniela Penon, Kerstin Peter, Esther Rüfenacht, Simone Rohrer, Rita Sägesser, Anna-Paula Scheiwiller, Luisa Spiegel, Bernadette Tschopp, Iréne Wehrli, Myriam Wenger,

meine Assistentin Andrea Zöbeli, die alle administrativen Verpflichtungen so weit wie möglich von mir fernhält,

den Fotografen Marcel Studer, mit dem die Zusammenarbeit kameradschaftlich, aber auch herausfordernd war, sowie an Eugen Hubschmid für die Begleitung mit der Kamera.

2. Auflage, 2009

AT Verlag, Baden und München
Lithos: Vogt-Schild Druck, Derendingen
Druck und Bindearbeiten: Uhl, Radolfzell
Printed in Germany

ISBN 978-3-03800-423-3

www.at-verlag.ch